Jezus

en de val van Adam tenietgedaan

C. BAXTER KRUGER, PhD

PERICHORESIS PRESS

Jackson, Mississippi

Jezus en de val van Adam tenietgedaan
ISBN: 978-1-960761-53-8
Oorspronkelijke titel: Jesus and the Undoing of Adam
Auteur: Baxter Kruger © 2003
Tweede druk: 2025

Over de auteur

Baxter is 42 jaar getrouwd met Beth. Ze hebben vier kinderen, zes kleinkinderen en wonen in Brandon, Mississippi. Hij behaalde zijn PhD aan Kings College, Aberdeen University in Schotland onder leiding van professor James B. Torrance. Dr. Kruger is auteur van 10 boeken, waaronder de internationale bestsellers: *The Shack Revisited* ('In het licht van de uitnodiging'), *Patmos, The Parable of the Dancing God*, talloze essays, honderden uren aan onderwijs en een verscheidenheid aan online studies -allemaal beschikbaar via perichoresis.org. Dr. Kruger heeft 30 jaar lang de wereld rondgereisd om het goede nieuws, dat we in Jezus deelgenoot zijn van Zijn relatie met Zijn Vader in de Geest, te verkondigen. Hij houdt van het bereiden van rivierkreeft, visaas uit hout snijden, golfen, en hij geniet ervan om tijd met zijn kleinkinderen door te brengen.

In het Nederlands verschenen: © 2025
Vertaling: Gerda Keurentjes i.s.m. Marjorie van Halem

Voor mijn ouders,
Jullie leerden me lopen
en gaven me de vrijheid om te rennen

Inhoudsopgave

VOORWOORD

Tweeëntwintig jaar geleden maakte ik kennis met de korte maar monumentale verhandeling van de kerkvader Athanasius, over de incarnatie van het Woord van God *(on the Incarnation of the Word of God)*. Terwijl ik zijn woorden las, werd mijn verbeelding ondergedompeld - zoals C.S Lewis zou zeggen. En ik wist dat iets heel wezenlijks mijn aandacht had getrokken, waar ik iets mee moest. Athanasius blijft tot de dag van vandaag een van mijn favoriete theologen, deels vanwege zijn passie en deels vanwege zijn eenvoud, maar vooral omdat zijn woorden vol zijn van het onmiskenbare levende Woord.

In het westen zijn we getraind om zorgvuldig aandacht te besteden aan de rationele, logische kant van theologie. Bij Athanasius wordt men zich bewust van een aanwezigheid: een gewichtige aanwezigheid met zijn eigen realiteit en schoonheid. Voor Athanasius bestaat er een onuitgesproken regel voor het ware theologische denken, een regel die respect verdient en die zelfs volledige gehoorzaamheid vereist. Uiteraard zijn we vrij om dat te negeren en mogen we onze eigen theologie ontdekken. We zijn vrij om wat voor logica dan ook te volgens, die naar onze mening belangrijk is. Maar niet als we de waarheid willen kennen. De volgende woorden van de wetenschapper Michael Polanyi getuigen van een groot inzicht: 'Zoals bij elke wetenschappelijke discipline het geval is, is ook in de theologie een 'stilzwijgende kennis' aan het werk. Negeren is op eigen risico.'

Op dat moment wist ik het nog niet, maar mijn kennismaking met Athanasius en zijn geschriften met een mystieke rationaliteit veroorzaakte een ernstig conflict in mij. Vanaf mijn geboorte leerde ik al over het Calvinisme en ook ben ik al vroeg door het evangelische gedachtegoed beïnvloed. Maar de magistrale waarheid waarvan Athanasius zo welsprekend getuigt, past noch bij het calvinisme, noch bij het moderne evangelische denken. Hetzelfde geldt uiteraard voor de liberale theologie, maar dat is een ander verhaal.

Het probleem is niet zozeer dat de calvinistische en evangelische theologie helemaal fout is. Het probleem is, dat ze er wat betreft de duidelijkste en diepste waarheid over de incarnatie van de eeuwige Zoon van God compleet naast zitten. In beide denksystemen is een vreemde logica aan het werk, die de waarheid verdraait en de verbijsterende werkelijkheid, die in de persoon van Jezus Christus is volbracht, overschaduwt.

In het diepgaande werk van T.F. Torrance, die naar mijn mening de Athanasius van het moderne westen is, ontdekte ik dat ik verre van alleen was. Ik had het voorrecht om mijn proefschrift over de theologie van professor Torrance te mogen doen, onder de meesterlijke begeleiding van zijn broer James aan Het Kings College in Aberdeen, Schotland. Je vindt in Torrance dezelfde stilzwijgende kennis aan het werk die in Athanasius aanwezig is, en dezelfde geest van volhardende passie om de logica ervan te volgen. Dit boek is een poging om hetzelfde te doen, met een bijzondere verwijzing naar de dood van onze gezegende Heer Jezus Christus. In sommige opzichten vertegenwoordigt het boek de veel vertaalde en verduidelijkte versie van de kern van mijn proefschrift. Maar het is meer dan een herhaling van oude dingen. Een manier om theologie te vertalen, ontstaat wanneer we in het leven ondergedompeld zijn en als we ervoor kiezen om te luisteren. Ik hoop dat de jaren tussen toen en nu mij hebben geholpen de boodschap te laten landen. Ik zou teleurgesteld zijn wanneer dat niet het geval is.

Dit zijn wanhopige tijden voor de kerk in het westen. Sinds de Verlichting heeft de kerk haar plaats in de bredere cultuur en haar zelfvertrouwen om te spreken, verloren. Volgens mij zijn beide problemen het gevolg van het feit dat Christus en de visie op de Drie-eenheid al enige tijd niet meer centraal staat.

Het meest opzienbarende nieuws in het universum was voor Athanasius de incarnatie van de eeuwige Zoon van God. Nadat hij diep over deze verbijsterende gebeurtenis had gemediteerd, wilde hij, in strijd tegen de ketterse verdorvenheid, niets liever dan de christelijke Drie-eenheidsleer verduidelijken. Dit bracht een enorme revolutie teweeg in zowel het Joodse als Griekse denken en vormde de fundamentele geestesgesteldheid die nodig was voor het authentieke christelijke denken.

Vandaag roept Athanasius ons door de eeuwen heen op, om het gedachtegoed van de vroege kerkvaders te omarmen, over alles in het universum na te denken en zelfs te 'heroverwegen' en dan vooral over de komst en het werk van Christus. Hij dringt er ernstig op aan dat we het feit dat God Vader, Zoon en Geest is, serieus nemen. En dat we de hele wereld aan menselijke kennis in het licht plaatsen van de Drie-eenheidslogica. De gebroeders Torrance zijn samen met Karl Barth en vele anderen die uitdaging aangegaan. Ik bied dit boek aan als een hoopvolle bijdrage aan het herstel van de Drie-eenheids- en evangelische theologie van de vroege kerk. Ik ben ervan overtuigd dat een dergelijk herstel niet alleen vernieuwing voor de kerk in het westen zal betekenen, maar ook een visie voortbrengt die tot de verbeelding zal spreken van een bredere leefomgeving.

Hiermee verwoord ik de passie van de bediening van 'Perichoresis', die zeven jaar geleden werd opgericht in Jackson, Mississippi, met als enig doel een bijdrage te leveren aan het herstel van het evangelie. Het is geen makkelijke roeping, iets wat ik niet graag toegeef. Het zou veel gemakkelijker zijn om onze westerse bagage onder het tapijt te vegen en kerkje te blijven spelen, alsof er niets mis is. Maar een dergelijke ondubbelzinnige ontkenning is niet de weg vooruit en het is zeker niet onze opdracht. Ik ben pater Scott de Hart en dr. Robert Lucas buitengewoon dankbaar. Beiden hebben ze het gedachtegoed van de kerkvaders omarmd en hebben de moed gehad om op te staan tegen de leer van Augustinus waardoor de westerste kerk gebonden is. Ik ben ook dankbaar voor de oudsten van de St. Stephen's Episcopal Church. Het zijn geweldige mannen: doorgewinterde levensveteranen die het evangelie kennen en liefhebben. Ze hebben mij verwelkomd, aangemoedigd en delen de visie van echte vernieuwing.

In de afgelopen zeven jaar is onze bediening op onvoorziene

manieren uitgebreid, niet in de laatste plaats door de geboorte en bloei van onze zusterbediening in Adelaide, Australië. Ik heb daar enkele jaren het voorrecht gehad om jaarlijks Perichoresis-lezingen te geven. Als u dit boek nuttig vindt, dank God dan voor Australië, want door de pure honger van de broeders en zusters in Adelaide is dit boek ontstaan. En dank God voor de financiële steun van de Perichoresis-community in Jackson, waardoor onze wereldwijde bediening kon blijven bestaan.

Op een ander front heeft de oprichting van 'Het instituut voor de Studie van de Drie-eenheidstheologie' in januari 2022 nieuwe deuren geopend voor een veel bredere bediening. ISTT (Institute for the Study of Trinitarian Theology) heeft zich erop toegelegd om een frisse, leefbare eigentijdse theologie te brengen, die zowel trouw is aan de Drie-eenheid en de incarnatie, als aan de traditie van de vroege kerk en bovendien toegankelijk is voor de doorsnee persoon. Het geven van lezingen aan het instituut gaf mij de gelegenheid om de laatste herzieningen van dit boek uit te voeren. Grote dank gaat uit naar St. Stephens omdat we voor die lezingen de geliefde 'Upper Room' mochten gebruiken.

Tegen mijn ouders, die altijd van me zijn blijven houden en voortdurend offers voor mijn welzijn hebben gebracht, kan ik alleen maar zeggen: Bedankt! Ik hoop dat dit boek jullie op zijn minst wat van de zegeningen, die ik van jullie ontving, teruggeeft.

C. Baxter Kruger, Ph.D., OTB

INTRODUCTIE

Een glashelder zicht

Waarnemen zegt niet alles, maar het bepaalt wel hoe we iedereen die we ontmoeten, alles wat we meemaken, en elke plaats ervaren. We kunnen er niets aan doen: onze waarneming is nu eenmaal de bron van de interactie met onze wereld. Daarom lijkt het logisch dat een van de sleutels voor intimiteit in het huwelijk het vermogen is om elkaar met andere ogen te zien. Hetzelfde geldt voor de wetenschap. Als we de mysteries van onze wereld willen doorgronden, moet onze perceptie ervan voortdurend herzien worden. Het Nieuwe Testament noemt zo'n verandering van zienswijze 'bekering': de radicale heroriëntatie van ons denken. De discipelen van Jezus leerden uit bittere ervaring dat mensen er een handje van hebben om God hun eigen ideeën op te leggen. En ze ontdekten dat we daardoor niet alleen een god van onze verbeelding creëren, maar dat we ook de échte God mislopen en daarmee de vreugde van Zijn aanwezigheid, activiteit en zegen.

Het is daarom niet verwonderlijk dat in het Nieuwe Testament steeds wordt herhaald dat we ons moeten 'bekeren'. Ieder van ons brengt namelijk aardig wat 'geestelijke bagage' met zich mee in zijn relatie met God, met elkaar en met de schepping. Zoals twee mensen onvermijdelijk hun eigen gedachte- en reactiepatronen, levensstijl en gewoonten met zich meebrengen in hun huwelijk, zo nemen wij ook allemaal geestelijke gedachtepatronen over Jezus Christus met ons mee als we over Hem praten - of we ons daar nu van bewust zijn of niet. Om te groeien in ons huwelijk moeten we ons op zijn minst bewust worden van onze gewoontes, onze manier van denken en reageren, en beseffen dat deze gewoontes de mogelijkheid van echte intimiteit vergiftigen. Grotendeels geldt dit ook voor de wetenschap. Als we de geheimen van de kosmos willen ontvouwen, moeten we het feit onder ogen zien dat de waarheid juist niet aan het licht komt, wanneer we het onze eigen ideeën opleggen. Ook als we Jezus dieper en beter willen leren kennen, moeten we ons steeds meer bewust worden van onze geestelijke bagage en hoe die de ware Jezus verduistert.

De gedachte over 'geestelijke bagage' is trouwens niet per se slecht. Want onze ideeën en concepten, aannames en begrippen functioneren samen, als het ware, als een bril waardoor we onze wereld waarnemen en begrijpen. Zonder een of andere geestelijke bril zouden we blind zijn en geen idee hebben hoe we de realiteit, waar we mee te maken krijgen, en de eindeloze verscheidenheid aan informatie die op ons af komt, moeten begrijpen en verwerken. Dat zou net zoiets zijn als in het pikkedonker met iemand proberen te dansen op de muziek van drie of vier verschillende liedjes tegelijk. Het feit dat we allemaal een geestelijke bril hebben en die ook zeker gebruiken, is niet het probleem. De moeilijkheid zit hem in het feit dat we een verkeerd voorschrift voor de sterkte hebben. Dat wil zeggen: onze ideeën en concepten en aannames zijn vertekend. Er is dus een reëel verschil tussen 'gewone' geestelijke bagage en negatieve geestelijke bagage.

Of het nu gaat om twee mensen die elkaar in het huwelijk willen leren kennen, of een wetenschapper die ingewikkelde zaken van de kosmos wil ontdekken, of om iemand die Jezus Christus wil leren kennen, dit is DE crisis waar menselijke kennis mee te maken heeft! Als we willen ontdekken hoe iets werkelijk is en er dus échte kennis van willen vergaren, moeten we met onze bagage dealen. We moeten ons geestelijke 'lenzen' goed afstellen, zodat het steeds beter zal aansluiten bij de persoon of de zaak waar we meer van willen weten.   Anders gooien we wat onze dromen betreft onze eigen glazen in. Wanneer we falen om ons denken te veranderen en onze geestelijke bagage te herzien, leggen we automatisch onze eigen, vreemde ideeën op aan de wereld en de mensen om ons heen. En hierdoor veroordelen we onszelf tot het leven in de wereld van onze eigen verbeelding.

De prijs die we betalen wanneer we in het huwelijk onze ideeën aan de ander opleggen, is het gebrek aan echte intimiteit en fellowship.

Want hoe kunnen we de ander ooit echt leren 'kennen', wanneer we die persoon in feite herscheppen naar ons beeld en alleen met dat beeld contact hebben? En wanneer we in de wetenschap onze eigen ideeën op de werkelijkheid projecteren, is de prijs die je betaalt, dat je het ontdekken kwijtraakt met alle grote beloningen die daarbij horen. In het christelijk geloof is dat het verlies van de kennis over Jezus Christus. Het opdringen van onze eigen ideeën aan Jezus is een regelrechte ramp. Want alleen als we de verbluffende waarheid over Jezus kennen - over wie Hij is en wat Hij heeft gedaan voor en met mensen- worden wij van onze gebondenheid en diepgaande, slopende angst bevrijd, om in vrijheid te leven. De hoop, vreugde, passie, moed, waardigheid, vrijheid, heelheid en volheid, waar we zo wanhopig naar verlangen, zijn de vrucht van het kennen van Jezus Christus. Naarmate we Hém, de échte Jezus, leren kennen - zoals Hij werkelijk is: de geliefde Zoon van de Vader, de Heer en redder van alle mensen - worden we levend gemaakt met hoop en vrijheid en worden we geïnspireerd met een leven en vreugde die niet van onszelf is.

Uiteindelijk ging het om de parel, die de koopman de adem benam en hem zo ontroerde dat hij alles verkocht wat hij had om die te kopen (Mattheüs 13:45-46). Dit deed hij niet uit koude religieuze plicht: hij handelde omdat hij iets had meegemaakt wat zo mooi, zo verrukkelijk en onvergelijkbaar was, dat het zijn hart had veroverd. Als je de parel uit het verhaal weg zou laten, zou alleen de man zelf achterblijven en zou er niets overblijven om hartstocht op te wekken. Dan is er geen glorieuze parel die zijn hart sneller laat kloppen en hem diep vanbinnen inspireert. Dit is precies wat er gebeurt, wanneer we onze vooronderstellingen op Jezus leggen. Dan beroven we onszelf van het 'zien' van de parel, van de ontmoeting met de Enige in het universum die ons tot leven kan wekken en ons kan vullen met *het leven* dat we niet in onszelf hebben.

Zoals de kleindochter van de koopman zich de ervaring van haar grootvader onmogelijk zou kunnen toe-eigenen, kunnen wij niet teren op de vreugde van onze voorouders toen zij Jezus leerden kennen. Wij moeten Hem zelf leren kennen. Elke generatie moet Hem zelf zoeken en vinden. Alleen dan kunnen we de bezieling en het leven en de vrijheid ervaren waar onze ziel naar hunkert. Hierin ligt het crisispunt voor elke generatie in de kerk. Alleen door Jezus te kennen, ontvangen we vrijheid om te leven. Maar de weg naar het kennen van Jezus vereist dat we onze bagage erkennen en ermee dealen. We moeten ons van onze denkpatronen bewust worden en onze overgeërfde ideeën, die ons hebben gevormd in hoe we God zien, onderzoeken. Dit is op zichzelf pijnlijk en vraagt wel iets van je, maar het zorgt er ook voor dat van je gekoesterde opvattingen het verkeerde aan het licht komt. Als we in het huwelijk onze bagage erkennen, lopen we het risico dat familiegewoonten bloot worden gelegd, die de familie misschien liever onder het tapijt geveegd wil houden. Als we in het christelijk geloof de bron van onze geestelijke denkpatronen en ideeën onderzoeken en in het licht brengen, is de kans groot dat we de onvolkomenheden, of misschien zelfs de dwaasheid van onze geërfde theologie blootleggen. Einstein volgen betekent automatisch dat je Newton in twijfel trekt, alhoewel Newton geen kleine jongen was in de periferie van het westerse denken.

Misschien is het niet toevallig dat de eerste woorden van Jezus in het evangelie van Johannes een vraag vormen: 'Wat zoeken jullie?' (Johannes 1:38). Is dit niet wat elk nieuw echtpaar, elke nieuwe generatie wetenschappers en elke nieuwe generatie in de kerk zich afvraagt? *Wat zoeken jullie?* is een simpele maar wel een beladen vraag. Het kan meerdere dingen betekenen, zoals: 'Willen jullie een echte *relatie*? Verlangen jullie naar *intimiteit*? Zoeken jullie de *waarheid*? Zijn jullie op zoek naar *leven*?' En bij deze vragen gaat nog een andere vraag schuil: 'Heb je het ervoor over, om te doen wat nodig is, om te vinden wat je zoekt?' Of je het nu leuk vindt of niet: in het huwelijk, de wetenschap en de theologie draait het om overgave. We moeten bereid zijn om ons denken onder de loep te nemen en bereid zijn om alles wat we meenden te weten te heroverwegen. Want alleen als we onze geestelijke lenzen hebben bijgesteld, gaan we dingen duidelijker zien. En alleen door dat heldere zicht zullen we bevrijding, vreugde en leven ervaren.

De prijs die we voor Jezus Christus betalen is, zoals C.S. Lewis het zegt: 'Hem willen'.[1] Als we Hem willen, moeten we bereid zijn om ons denken te veranderen. Want we kunnen Jezus niet kennen als we onze eigen vooroordelen op Hem projecteren. En alleen door het kennen van Hem kunnen we het pure leven en de vrijheid ervaren. Wanneer we onze manier van denken niet veranderen, kennen we de echte Jezus helemaal niet, maar is Hij een verzinsel van onze verbeelding. Die Jezus zal er nooit in slagen het leven te geven dat we zoeken, net zomin als een nepparel de adem van de koopman niet zou benemen. Zo'n Jezus laat het aan ons over om het koninkrijk te bouwen, waardoor we alleen een koninkrijk krijgen dat niet meer is dan onze eigen creatie. We moeten bereid zijn de pijn te verdragen om geslepen te worden, zodat we een beter voorschrift voor de sterkte van onze bril krijgen. Als we dit weigeren, het proces een halt toeroepen en onze denkpatronen niet onderzoeken, lopen we het risico Jezus Christus helemaal mis te lopen en onszelf te veroordelen tot een leven, een koninkrijk en een verlossing door onszelf gecreëerd.

---

1 Zie zijn essay: 'Three Kinds of Men'. In Present Concerns. (San Diego: Harcourt Brace Jovanovich, 1986) blz. 22.

HOOFDSTUK 1

Waarom Jezus stierf

Waarom stierf Jezus? Waarom was Zijn dood nodig? Wat gebeurde er tijdens Zijn dood? En welke invloed heeft dit op onze ervaring als mens en op ons leven? Als we zuivere kennis willen vergaren over persoonlijke relaties, de wetenschap, het christelijk geloof en in feite over elk gebied in ons leven, moeten we de echtheid ervan ontdekken. Tenzij we doordringen in de dynamiek van wat iets werkelijk is, veroordelen we onszelf tot verkeerde interpretaties. Wat zo'n gebeurtenis als de dood van Jezus Christus betreft, moeten we de waarheid, waarom dit nodig was, ontdekken en de context van Zijn dood begrijpen. Als we met minder genoegen nemen, krijgen we onvermijdelijk kortsluiting in de wijze waarop we Jezus zien en houden we alleen een 'nep-Jezus' over, die niet inspirerend is en niet in staat om passie, leven en heelheid te brengen. Duidelijkheid is geen luxe, het is een kwestie van leven of dood.

In de breedste zin van het woord zijn er twee belangrijke feiten waarom Christus' dood nodig was, die het in de juiste context plaatsen. Het eerste is het hart van God en hiermee bedoel ik niet alleen Gods doel voor ons, maar ook Zijn vurige verlangen om dat doel koste wat kost te verwezenlijken. De dood van Jezus Christus is een aaneensluitende beweging, die in de eeuwigheid met de Vader, Zoon en de Geest begon en tot vervulling kwam toen de mens in de hemelvaart van Jezus verhoogd werd - verhoogd tot de rechterhand van God de almachtige Vader. Als we willen begrijpen waarom Jezus stierf, wat er in Zijn dood gebeurde en wat dat vandaag voor ons betekent, moeten we teruggaan in de eeuwigheid naar de *verbazingwekkende* beslissing van de Vader, Zoon en Geest om ons op te nemen in Hun cirkel van het leven dat Zij samen delen. Want de realiteit van de drijvende kracht achter de komst van Jezus Christus en de voortstuwende kracht die Hem naar het kruis leidde, is de volhardende en vastberaden passie van de Vader, die wil dat wij Zijn geliefde kinderen zullen zijn. Het eerste wat over de dood van Jezus Christus gezegd moet worden is dat Hij stierf omdat God de almachtige Vader ons liefheeft met een onverbiddelijke, onverschrokken en eeuwige liefde, een liefde die absoluut weigert toe te staan dat wij verloren gaan.

Het tweede grote feit waarom Jezus' dood noodzakelijk was is wat de Bijbel 'zonde' noemt: de diepgaande geestelijke ziekte die -in Adam- het mensdom infiltreerde. De zonde dreigde de schepping te vernietigen en ook Gods eeuwige doel met ons. Jezus stierf omdat de Vader weigerde Zijn dromen voor ons op te geven en die dromen konden, vanwege de zonde, alleen vervuld worden door de mens -door de dood en opstanding- te herscheppen.

Het vurige hart van God

Waarom is de christelijke visie op God anders dan die van alle andere godsdiensten uit de geschiedenis? Waarin onderscheidt het zich van andere religieuze visies? Er zijn minstens twee feiten over de christelijke God die met geen andere god te vergelijken zijn. Het eerste is de leer over de Drie-eenheid. Het tweede is de nederigheid van God. In geen enkele andere godsdienst zien we een god die zich verlaagt, een god die naar beneden komt om op een onvoorstelbare, persoonlijke manier de menselijke geschiedenis binnen te gaan. Alleen in het christendom is sprake van een God die Zich aan ons wil verbinden, die bereid is om Zichzelf te vernederen en zelfs te lijden om zo eenheid tot stand te brengen. De goden van de menselijke verbeelding staan onverschillig tegenover de mens. Ze torenen in hun glorie hoog boven ons uit, zijn afstandelijk en onbenaderbaar. Ze hebben hun handen vol aan zichzelf en aan zaken die ze belangrijker vinden dan het menselijk bestaan. Deze goden zijn eeuwig gescheiden van ons en een eventuele interesse voor menselijke aangelegenheden dient alleen hun eigen belang.

De christelijke God is precies het tegenovergestelde. In schril contrast met de goden van de menselijke verbeelding is de christelijke God niet egocentrisch: Hij néémt niet, maar gééft en Hij heeft een diepe afkeer van het idee om ontoegankelijk te zijn. Vanaf het allereerste begin -en van daarvóór- staat God niet onverschillig tegenover de mens en is Hij betrokken bij hun toekomst. Hij heeft verbijsterende plannen voor ons. In feite is de christelijke God constant *met ons* en ons welzijn bezig en vastbesloten ons te zegenen met leven, volheid en heerlijkheid. De christelijke visie op God gaat over een God die ons graag wil leren kennen en de oneindige kloof tussen Schepper en het schepsel graag wil overbruggen, een God die zich graag tot ons verlaagt en ons verhoogt, zodat we kunnen delen in alles wie Hij is en in wat Hij heeft.

Zo'n visie op God is uniek. De menselijke geest zou nooit een godheid creëren die zo genadig, nederig en op de ander gericht is. De christelijke God is geïnteresseerd in een relatie met ons en niet zomaar een relatie, maar eenheid, en niet zomaar een eenheid, maar zo'n eenheid die alles wie Hij is en wat Hij heeft met ons deelt: alle glorie, volheid, vreugde, schoonheid en een ongebreideld leven, zodat alles wat van Hem is in dezelfde mate van ons wordt. In de christelijke visie is het plan vanaf het begin niets anders geweest dan dat God *Zichzelf aan ons zou geven* zodat we vervuld zouden worden met een overvloeiend goddelijk leven.

Een deel van wat Johannes bedoelt wanneer hij ons vertelt dat Jezus Christus het Woord van God is (Johannes 1:1, 14), is dat er in de eeuwigheid nooit een moment is geweest waarop God zonder ons wilde zijn. De *mens* Jezus, 'de vleesgeworden Zoon' is geen bijzaak of een tweederangs woord. Jezus, de vleesgeworden Zoon, de menselijkheid van God, is het eeuwige 'van-te-voren-Woord'. De relatie tussen God en de mens die in Jezus Christus tot stand is gebracht, is geen back-up plan. Deze relatie, deze eenheid tussen God en de mensheid in Christus, is het *eeuwige* plan van God, dat er al was voor de schepping. De vleeswording is altijd al Gods bedoeling geweest. Dít is Zijn eeuwige Woord, gesproken vanuit Zijn wezen en karakter, als de God die liefheeft en vastbesloten is om ons zodanig te zegenen dat het alles wat we kunnen bedenken en vragen te boven gaat. 'Niet God alleen, maar God en de mens samen vormen het Woord van God, zoals blijkt uit de Schrift.'[2]

Achter deze visie van een God die Zich verlaagt om een relatie, een eenheid met de mens aan te gaan om ons te zegenen, is het feit dat God Vader, Zoon en Geest is. De Bijbel vertelt ons dat de Vader de Zoon *liefheeft* en dat de Zoon de Vader *liefheeft* en dat Zij alle dingen delen in een liefdevolle, ongebonden *gemeenschap* met de Geest. Niets wat over God gezegd kan worden is fundamenteler dan deze wederzijdse liefde en fellowship. God ís Vader, Zoon en Geest, die samen een rijke, glorieuze en overvloedige gemeenschap hebben van acceptatie, vreugde, hartstocht en liefde. De droom van het menselijk bestaan vindt hier - in de onverstoorbare fellowship en saamhorigheid van de Vader, de Zoon en de Geest - zijn oorsprong.

Al het andere wat over God gezegd wordt, is een variatie op dit thema en een beschrijving van deze relatie tussen Vader, Zoon en Geest. Wanneer we over de liefde van God spreken, hebben we het over de relatie tussen Vader, Zoon en Geest. Wanneer we over de heiligheid van God spreken, proberen we de heelheid, zuiverheid, integriteit, schoonheid van de gemeenschap van de Drie-eenheid te beschrijven. Wanneer we over de rechtvaardigheid van God spreken, hebben we het over de pure volmaaktheid van Hun relatie. Wanneer we over de volheid of de gelukzaligheid van God spreken, hebben we het over het onstuimige leven, de onweerstaanbare vreugde en de onuitsprekelijke goedheid van de Vader, de Zoon en de Geest.

Geloven in de Drie-eenheid betekent dat we geloven dat God een relationeel wezen is, die er altijd is geweest en er altijd zal zijn. De leer van de Drie-eenheid betekent dat relatie, gemeenschap, het samen delen, Zich geven en het op de ander gericht zijn - geen bijzaken bij God zijn, maar de diepste waarheid over wie Hij is. De Vader is niet vol van Zichzelf; Hij heeft de Zoon en de Geest lief. En de Zoon is niet behept met narcisme; Hij heeft Zijn Vader en de Geest lief. En de Geest is niet in druk in de weer met Zichzelf en Zijn

---

2 Karl Barth, Church Dogmatics (Edinburgh: T. & T. Clark, 1956), Vol. 1/2, blz. 207.

eigen glorie; Hij heeft de Vader en de Zoon lief. Niet nemen, maar *geven*; geen egoïsme, maar *op de ander gericht zijn*; niet oppotten, maar *uitdelen*. Dát zijn de pijlen in Gods koker en vormen de kern van Gods bestaan als Vader, Zoon en Geest.

Wanneer het christendom 'God' zegt, zegt het 'relatie'. Het spreekt over zelf-gevende liefde, die tot uitdrukking komt in onbeperkte fellowship en vreugdevolle, onvoorstelbare eenheid. Wat hier niet bij hoort is: egocentrisch, afstandelijk, alleen gelaten, onverschillig, sober, eenzaam, verdrietig, verveeld of in nood. Wanneer het christendom 'God' zegt, zegt het: 'Vader, Zoon en Geest, die bestaan in een relatie van acceptatie, vreugde en zelf-gevende liefde.' Deze relatie is zo waar, rijk, echt, goed en open, dat de enige manier waarop we erover kunnen spreken is, door te zeggen dat God uit drie Personen bestaat, die toch volkomen één zijn. Want hoewel de Vader, Zoon en Geest eeuwig verschillend blijven, is Hun liefde voor elkaar zo puur en Hun connectie zo diep, dat elke beschrijving die te kort doet aan het feit dat Ze *Eén* zijn, verraad is aan de pure realiteit van Hun saamhorigheid.

Dit is de christelijke visie op God. Maar we durven hier niet te stoppen, omdat de relatie tussen de Personen van de Drie-eenheid, ook boekdelen spreekt over de hele kosmos. Want deze Drie-eenheidsrelatie, deze overvloedige en vreugdevolle gemeenschap, deze onuitsprekelijke eenheid van liefde, is de baarmoeder van het universum en van de mensheid daarin.

Het universum, ons zonnestelsel, de aarde en de mensheid hebben niet altijd bestaan. Er was een tijd dat ze er nog niet waren en dat er niets anders was dan de cirkel van de heilige Drie-eenheid. De wereld was er nog niet, de mensen bestonden nog niet; daar was nog helemaal geen sprake van. De schepping - de geboorte van het universum, van de aarde en al haar bewoners, van de grootste tot de kleinste, van de duidelijkste- tot de onduidelijkste vorm- was de daad van de Drie-eenheid. Paulus vertelt dat deze creatieve activiteit volgde op een besluit dat al eerder was genomen (Efeziërs 1:4-5). De schepping was de vrucht van een plan, dat uit een vastberaden hart was voortgekomen. Achter de schepping stond één belangrijke gedachte van God centraal, die je kunt zien als de drijvende kracht van alle goddelijke activiteit: waar Zijn hart vol van was, was de beslissing om mensen een plaats te geven in de cirkel van de Drie-eenheid. Voordat de blauwdrukken voor de schepping er waren, richtten de Vader, Zoon en Geest hun hart en overvloedige liefdadigheid op óns. Uit zuivere genade besloot de Drie-ene God het leven en de glorie van de Drie-eenheid niet voor Zichzelf te houden, maar met ons te delen en het ons *royaal* te schenken.

Waarom dit zo is, waarom God zo is, waarom de Vader, Zoon en Geest de volheid van Hun liefde en overvloedige genade op ons richtten en beslist verlangden naar zo'n glorieuze bestemming voor ons, kan alleen worden beantwoord door te kijken naar de wederzijdse liefde van de Vader, Zoon en Geest. Want op de een of andere manier vindt het bestaan van alles - en niet in de laatste plaats het bestaan van elk mens - zijn doel in de diepe en blijvende liefde van de Drie-ene God. Die cirkel van liefde en intimiteit, van saamhorigheid en fellowship, die cirkel van zuiverheid, het verblijden in elkaar en eeuwige heelheid, is de matrix en de mix van alle goddelijke gedachten en activiteiten.

De gedachte om met anderen te delen - het idee van geven, van deelgenoot maken en van zegenen - en de onverbiddelijke vastberadenheid dat dit koste wat kost zou plaatsvinden, vloeit rechtstreeks voort uit de relatie van de Vader, Zoon en Geest. Een dergelijke liefde, een dergelijk geven, zo'n buitensporige liefdadigheid, zo'n gerichtheid op de ander, het zichzelf wegcijferen en opofferend zorgen, zijn niet onnatuurlijk voor God. Dit is hoe God is als Vader, Zoon en Geest. Het is de meest ware waarheid over God, het diepste deel uit de bron van Zijn goddelijke wezen. Maar waarom de Drie-ene God besloten heeft om zoveel vrijgevigheid, zorg en overvloedige, vastberaden liefde over ons uit te storten, is een andere vraag. Zo'n verbazingwekkende daad is consistent en volkomen in overeenstemming met wie God als Drie-eenheid is, maar het is niet vanzelfsprekend; er is geen dwingende reden waarom het op ons gericht zou moeten zijn. Over zo'n liefde kunnen we alleen maar verwonderd, opgewonden en onder de indruk zijn. Het christelijk geloof begint met deze verwondering.

Dit besluit, dat voortvloeit uit het wezen en karakter van God, om alles - wie de Vader, de Zoon en de Geest zijn en wat Ze samen hebben - met ons te delen, en de meedogenloze vastberadenheid dat dit zou gebeuren, is de enige juiste context voor de dood van Jezus Christus. Jezus Christus stierf omdat de Vader, Zoon en Geest absoluut weigerden om hun dromen voor ons, de rug toe te keren. 'Want God had de wereld zo lief', zegt Jezus, 'dat Hij Zijn enige Zoon heeft gegeven (Johannes 3:16). Vóór de schepping besloot de Drie-ene God dat de mens zou worden opgenomen in de cirkel van de Drie-eenheid van leven, volheid, glorie en vreugde. En met die beslissing stond Gods hart in vuur en vlam en verlangde Hij dat het koste wat kost zo zou gebeuren. Het Lam van God was inderdaad vóór de grondlegging van de wereld geslacht.

Hoe reageerde God toen Adam zondigde? Wat deed God toen de mens en de schepping hun ondergang tegemoet gingen en hun aftakeling begon? Heeft God toen de handdoek in de ring gegooid en is Hij vol afkeer weggelopen? Zei Hij bij Zichzelf: 'Ik wist wel dat ze dit zouden doen. Het is hun eigen schuld, ze kunnen krijgen wat ze verdienen.'? Ontplofte God van woede tegen Adam en Eva vanwege de brutaliteit van hun ongehoorzaamheid aan Hem? Dreigde Hij met wraak? Begon Zijn bloed te koken en maakte Hij plannen voor straf en vergelding? Nee! De val van Adam en Eva werd opgevangen door het eeuwige Woord van God. Het onmiddellijke antwoord op de ramp van Adams zonde en rebellie - de chaos, ellende, gebroken- en gebondenheid - was een krachtig, ondraaglijk en goddelijk: 'Nee! Ik heb je niet geschapen zodat je zou vergaan. Ik heb je niet geschapen om te ploeteren in ellende, om in zulke afschuwelijke pijn, gebrokenheid, hartzeer en armoede te leven. Ik heb je geschapen om te leven, om deelgenoot te zijn van

Mijn leven en glorie, om deel te nemen aan de volheid, vreugde, vrij-stromende fellowship, goedheid en heelheid die Mijn Zoon, Geest en Ik samen delen. En ik wil het niet anders. Zo *moet* het zijn.'

Meer dan veertig keer spreekt Johannes in zijn evangelie erover dat Jezus Christus door God de Vader werd *gezonden*. Johannes zag dat de komst van Jezus Christus en Zijn dood aan het kruis voortvloeiden uit de grenzeloze liefde van de Vader voor ons en uit Zijn onverzettelijke vastberadenheid dat Zijn doel voor ons zou worden vervuld. De dood van Jezus Christus is de openbaring van het feit dat de Vader ons nooit heeft laten zitten, ons nooit heeft verlaten en dat Hij weigert om Zijn droom, om ons in de cirkel van het leven op te nemen, op te geven. De dood van Jezus is een onderdeel van de vervulling van het eeuwige plan van God. Het maakt deel uit van een aaneensluitende beweging met als doel de mens te verhogen tot deelname aan het leven van de Drie-eenheid. Want de Vader wil het niet anders. Hij zal met niets minder genoegen nemen.

De val van Adam en het goddelijke dilemma

Om de dood van Jezus Christus te kunnen begrijpen, moeten we in de eeuwigheid beginnen met de Vader, de Zoon en de Geest, en met het besluit om de mensheid een plaats te geven in Hun gedeelde leven en de glorie. Dit besluit legt de ultieme basis voor de incarnatie, het leven, de dood, de opstanding en de hemelvaart van de Zoon van God. Hij werd mens om een levende en eeuwige relatie tussen Zijn Vader en de mensheid tot stand te brengen, om de middelaar te zijn; Degene in wie het leven van de Drie-eenheid het menselijk bestaan doorkruiste en binnenstroomde en in wie het menselijk leven werd verhoogd om plaats te nemen in de cirkel van de Drie-eenheid. Jezus Christus zal tot in eeuwigheid een plaats hebben aan de rechterhand van de Vader en zal alles - wie Hij is, Zijn ervaring met de Vader en Hun gemeenschap met de Geest - met ons delen. Dit is vanaf het begin het plan geweest. Zonder dit zou er geen schepping, geen incarnatie, geen dood van de vleesgeworden Zoon, geen opstanding en hemelvaart zijn geweest. Gods vurige hart is de drijvende kracht achter de incarnatie en kan gezien worden als de ultieme context voor de dood van Christus. Maar binnen dit grotere plaatje van het eeuwige doel van God en haar vervulling in Jezus, is een tweede realiteit van betekenis in verband met de dood van Christus: De enige manier om van Adam en Eva's catastrofe terecht te komen aan de rechterhand van de almachtige God en Vader is door de dood. De val van Adam was zo'n enorme ramp, dat er - om de mensheid te redden en het eeuwige doel van God voor ons te verwezenlijken - niets anders op zat dan onze herschepping door de dood en opstanding.

De traditie van 'de Kleine Catechismus van Westminster', waar ik als jonge man in ben onderwezen, zegt: 'Zonde is elk gebrek aan overeenstemming met, of het overtreden van de wet van God.' Deze definitie dat zonde het overtreden van Gods wet is, is het typerende, wettische idee over zonde. Maar zonde gaat veel verder dan het overtreden van de wet, of het nu gaat om het nalaten van wat we hadden moeten doen, of omdat we deden wat we niet hadden moeten doen. De catechismus, evenals de wettische benadering van de westerse theologie, verwart de wortel met de vrucht. Het probleem dat door de val van Adam was ontstaan, was niet simpelweg dat de mens de regels begon te overtreden. Het probleem was dat de mensheid ziek werd. De ziekte is de wortel van het probleem, het overtreden van de wet het symptoom.

Tijdens mijn studententijd aan de universiteit van Mississippi vond ik een exemplaar van het geweldige boek van Athanasius 'On the Incarnation of the Word of God'. Tot op de dag van vandaag weet ik niet hoe ik daar aan kwam. Ik stond namelijk niet bepaald bekend als iemand die regelmatig de bibliotheek bezocht en al helemaal niet als iemand die op zoek was naar een theologieboek. Maar ik had het gevonden en met veel plezier gelezen. Die dag heb ik twee dingen van Athanasius geleerd, die me altijd bij zijn gebleven. Het eerste heeft te maken met de liefde van de Vader voor

Zijn schepping. Voor Athanasius was het ondenkbaar dat het God koud zou laten wat er met Zijn schepping gebeurde, laat staan dat Hij óns de rug zou toekeren. Daarom vroeg Athanasius zich af wat het goede kon zijn, waar God mee bezig was, toen *Zijn* schepping - de schepping waar *Hij van hield* en die Hij had voorbestemd voor een adembenemende zegen - haar ondergang tegemoet ging en zou vervallen totdat er niets meer van overbleef?[3] Volgens Athanasius heeft de passie die de Vader voor de schepping heeft, Hem aangevuurd de Zoon te zenden om te redden. De zonde van Adam werd beantwoord door dezelfde God met dezelfde goddelijke vastberadenheid om te zegenen - waardoor in eerste instantie de schepping was ontstaan.

Het tweede wat het boek van Athanasius me leerde, was dat zonde een organisch probleem is. Zonde is een ziekte, een geestelijke kanker die onze menselijkheid en ons bestaan kapot maakt. Gods antwoord is niet het bijhouden van een grootboek in de hemel. Gods antwoord op het zondeprobleem is onder andere het genezen van ziekte en het transformeren van onze gevallen menselijke staat tot een echte relatie met Hem. Gods vergeving zou betekenisloos zijn als het niet in vlees en bloed had plaats gevonden. Dat was nodig om echte daadwerkelijke verzoening tot stand te brengen, zodat de relatie en gemeenschap feitelijk werden hersteld.

Een paar maanden nadat ik het boek van Athanasius had gelezen, werd ik gevraagd om een bijbelstudie te geven aan een groep studenten. Ik wilde het hebben over wie Jezus was en wat Hij had gedaan. Ik weet nog dat ik het lastig vond om te bedenken hoe ik het probleem van de zonde het beste kon verwoorden. Terwijl ik in gedachten door mijn appartement liep te ijsberen, viel mijn oog op een schaal met sinaasappels. Ik heb geen idee hoe lang die sinaasappels daar al lagen, maar het moet maanden geweest zijn, want ze waren totaal verrot. Ze waren van binnenuit helemaal

---

3 Zie *St. Athanasius on the Incarnation*: 'The Treatise De Incarnatione Verb Dei'. In het Engels vertaald en geredigeerd door een religieuze van C.S. M.V. (Londen: A.R, Mowbray & Co.) § 6

aangevreten. Er was nog wat oranje te zien, zodat je wist dat het sinaasappels waren, maar ze waren vooral slijmerig groen en zwart.

Eén van die sinaasappels nam ik mee naar de bijbelstudie en hield hem omhoog om het zondeprobleem te illustreren. Waar God bij de val van Adam mee te maken had, was geen probleem met de wet, het was een organisch probleem. Zonde gaat over corruptie, over ziekte, over een diepe, allesdoordringende vervreemding van wie we zijn. Het is een feit dat allerlei soorten kwaad en wangedrag voortkomen uit de zonde, maar dit zijn symptomen van een dieper, onderliggende ziekte. Als Gods doel - om ons te verhogen tot eenheid met Hemzelf en ons een plaats te geven binnen de cirkel van het leven van de Drie-eenheid - zal worden vervuld, moet de ziekte worden genezen en moet de geestelijke kanker uit ons menselijk bestaan worden uitgeroeid. Met dit dilemma kreeg de liefde van de Vader, de Zoon en de Geest - door de val van Adam - te maken. Er moet een radicale bekering plaatsvinden in het gevallen menselijke bestaan. En het moet zo gebeuren dat God ons in dat proces niet verliest.

Het voorbeeld van de rotte sinaasappel klopt tot op zekere hoogte. Het helpt ons om te zien wat de aard van het probleem - met zijn alles omvattende diepte - is, maar het is te vaag en te onnauwkeurig. Wat betekent het nu precies dat zonde een ziekte is en dat we van onszelf vervreemd zijn? Moeten we hier misschien omschakelen naar een meer persoonlijke aanpak? We moeten als het ware een psychologisch kijkje in Adams ziel nemen, want de ziekte van zonde impliceert dat de geestelijke machten van angst en bezorgdheid grip kregen op Adams ziel.

Dat we leven, ademen en bestaan is één ding, maar het is heel iets anders om vol te zijn met overvloeiend en overvloedig leven. Adam en Eva waren zowel levend als vervuld, en zowel hun bestaan als hun overvloedige leven kwam van God. Wat ik met 'overvloedig leven' bedoel, is de vervulling van het menselijk 'bestaan', dat plaatsvindt als we vrij zijn om lief te hebben en liefgehad te worden, vrij om te kennen en gekend te worden, vrij om onszelf te geven en om te ontvangen, en wanneer onze activiteiten en fellowship uit deze vrijheid voortkomen. Door fellowship gebeurt er iets met ons: er ontstaat iets wat boven onszelf uitstijgt. Overvloedig leven is de volheid die wordt aangewakkerd door een mix van kennen en gekend worden, van intimiteit, van liefhebben en geliefd te zijn en van fellowship.

De vrijheid van Adam en Eva om lief te hebben en geliefd te worden, om te kennen en gekend te worden, om te geven en te delen, te lachen en te spelen, was geen vrijheid die ze uit zichzelf bezaten. Zoals mijn vriendin Cary Stockett zegt: 'Het was niet ingebouwd.' De vrijheid om naar buiten te treden, elkaar te omhelzen, zich te geven, zichzelf te laten zien en te laten kennen, de vrijheid om te spelen, was de vrucht van iets anders. Vrijheid hoort bij de Vader, Zoon en Geest, en Adam en Eva namen deel aan Gods vrijheid om lief te hebben. Maar hoe ging dat in zijn werk? Hoe konden zij deel gaan uitmaken van Gods vrijheid? Hoe ging Gods vrijheid - het vrij zijn van zelfgerichtheid, vrij om zichzelf te kunnen geven, en dus vrijheid om fellowship te hebben - over, van God naar Adam en Eva? Het antwoord is dat Adam en Eva de waarheid *kenden*, en door de waarheid *te kennen*, ervaarden zij Gods vrijheid (zie de uitspraak van Jezus in Johannes 8:31-32). Door het uitleven van die vrijheid - het vrij zijn van zelfgerichtheid en de vrijheid om zichzelf te geven - ervaarden ze bovendien 'fellowship'; en fellowship vulde hun 'bestaan' met 'overvloedig leven'.

Adam en Eva hoorden bij God. Zij waren de kroon van de schepping en het voorwerp van Gods persoonlijke vreugde, liefde en adembenemende zegen. Omdat ze wisten wie ze waren, wisten dat ze God toebehoorden en wisten dat Hij van hen genoot, kenden ze geen angst, bezorgdheid en vrees; maar waren ze vanbinnen vervuld met vrede en hadden ze een diep en blijvend gevoel van veiligheid. De wetenschap dat de Vader van hen genoot en *plezier* in hen had, vulde hen met de sterkste kracht op aarde: zekerheid. Hun ziel was totaal vervuld met zekerheid en die zekerheid zorgde voor vrijheid om naar buiten te treden, elkaar te omhelzen, te geven en te ontvangen, zichzelf te laten zien en te laten kennen. Deze allesomvattende zekerheid bracht fellowship voort, waardoor hun 'bestaan' werd getransformeerd in een 'overvloedig leven'.

Laten we dit beeld eens van een andere kant bekijken. Stel je een vijfjarig meisje voor dat denkt dat er een monster in haar kast zit. Wat gebeurt er van binnen met haar wanneer ze gelooft dat dat monster echt bestaat? Als zij in het monster 'gelooft', zal dat een kras op haar ziel geven. In plaats van te worden vervuld met zekerheid, wordt ze overspoeld door angst. En wat is de vrucht van het ondergedompeld worden angst? Het vernietigt haar vrijheid: de vrijheid om te spelen, te lachen, in verbondenheid te leven, haar kamer te verlaten en deel te nemen aan het leven daarbuiten. Iets dergelijks gebeurde ook met Adam en Eva toen zíj door angst bevangen werden.

De werkelijke val kwam vóórdat ze van de vrucht hadden gegeten, toen ze niet langer de waarheid, maar de leugen van de slang geloofden. Op dat moment werd hun ziel verwond, hun zekerheid aan flarden gescheurd en de menselijke geschiedenis door angstige bezorgdheid geïnfiltreerd. Het eten van de vrucht was het gevolg en de eerste reactie op de enorme angstige bezorgdheid, die hun hart binnendrong zodra ze de leugen geloofden. De slang overtuigde hen ervan dat God hen kort hield, hun niet alles gaf waar ze recht op hadden en dat ze nog niet helemaal waren wie ze zouden kunnen zijn. Hij overtuigde hen ervan dat ze *tekortkwamen*. Wat gebeurde er met de zekerheid van Adam en Eva toen zij de leugen geloofden? Wat is er met de veiligheid en vrede van Adam en Eva gebeurd op het moment dat ze geloofden dat God hen kort hield, dat ze niet helemaal waren wie ze zouden kunnen zijn en de echte glorie misliepen? Hun zekerheid, veiligheid en vrede was verwoest en hun ziel werd in beslag genomen door een dodelijke mix van angst, onzekerheid en schuld. Plotseling *kenden* Adam en Eva goed en kwaad. Daarbij komt dat de angst, waardoor ze bevangen waren, onmiddellijk de manier kleurde waarop ze elkaar en de wereld om zich heen waarnamen. Dat ze in angst waren ondergedompeld had tot gevolg dat ze zich verstopten, zichzelf beschermden en egocentrisch werden, wat samen met hun gekleurde perceptie, hun vrijheid voor fellowship verpestte.

Het kennen van de waarheid vervulde de ziel van Adam en Eva met zekerheid; die volle zekerheid schiep de vrijheid om naar buiten te treden, om te kennen en zich te laten kennen; de vrijheid om te kennen en zich te laten kennen, bracht fellowship; en fellowship vulde hun bestaan met de grote dans van het leven. Toen Adam en Eva de leugen geloofden, de leugen *kenden*, veroorzaakte die kennis een bliksemslag die angst door hun aderen liet stromen. Die angst belemmerde hun vrijheid om te kennen en gekend te worden en dat verstoorde hun relatie, wat kortsluiting veroorzaakte in de grote, vreugdevolle dans. In het ontstane vacuüm drongen isolatie, eenzaamheid en vervreemding naar binnen, samen met schuld, verdriet en onuitsprekelijke angst. Bovendien was deze poel van gebrokenheid, vervreemding en frustratie, al snel een bron waaruit woede, bitterheid, depressie, afgunst, jaloezie, strijd, roddel, laster en moord tevoorschijn kwamen. Angst en bezorgdheid werden de matrix van het menselijk bestaan, een giftige mix die al het menselijk leven en de schepping doordringt.

Dat Adam en Eva andere mensen werden staat buiten kijf. Ze ademden nog steeds, maar hun ervaring leek in niets meer op een overvloedig leven. De leugen van de boze was een illusie, een verzinsel van zijn verbeelding, een legende, een mythe, maar Adam en Eva geloofden dat deze illusie de waarheid was. Door dát te geloven werden ze vanbinnen verteerd en werd hun bestaan onherkenbaar veranderd. Hoe kunnen we ooit het probleem van de zonde verwoorden? Woorden schieten te kort om deze toestand van het menselijk bestaan te beschrijven.

Maar wat erger is, is dat de leugen, hun geloof in de leugen - met als gevolg vervreemding - hun hele wezen begon te beheersen. Athanasius zegt het zo: 'Adam en Eva begonnen terug te vallen in levenloosheid.' Door de leugen en hun geloof in de leugen verloren ze niet alleen het 'overvloedige leven' maar ook hun eigenlijke bestaan. Adam en Eva balanceerden op het randje van uitsterven. Ze raakten hun vrijheid om te delen in het leven van de Drie-eenheid kwijt, en dat verlies maakte hen helemaal los van God waardoor ze steeds dieper wegzakten en van ellende tot volstrekte vernietiging vervielen.

Maar dat is nog niet alles. Het ergste moest nog komen. Het grootste probleem van de zonde was, dat de aanwezigheid van God Adam en Eva met angst vervulde. De Bijbel zegt dat Adam en Eva zich voor de aanwezigheid van de Heer verborgen (Genesis 3:8). Waarom? Waarom verborgen ze zich? Waarom waren ze bang voor Zijn aanwezigheid? Waren ze bang voor straf? Ik denk dat het de liefde van God was die hen angst aanjaagde. Het was de vreugde en volheid, de vrijheid en goedheid van God die hen bang maakte.

In zijn boek 'The Great Divorce' (vertaald in het Nederlands met als titel: 'De grote scheiding') beschrijft C.S. Lewis een ontmoeting met een hemelse man: 'Hier troonde een stralende God, wiens tijdloze geest als een last van massief goud op mijn ziel drukte.'[4] Wat Lewis schokte en wat zo zwaar op hem drukte, was geen angst voor straf, maar de pure, diepe realiteit van een stralende God, en de manier waarop die diepte zijn eigen beklagenswaardige onechtheid aan het licht bracht. Waar Adam en Eva bang voor waren is hiermee te vergelijken, want Gods aanwezigheid betekende de aanwezigheid van de liefde, vreugde en volheid van God, die onmiddellijk en onweerlegbaar hun eigen leegte, perversie, nietigheid en ellende blootlegde. En de pijn, de last van een dergelijke blootstelling was ondraaglijk, dus verborgen ze zich voor de Heer en sindsdien hebben wij ons ook verborgen.

Maar zelfs hier zijn we nog niet tot de kern van het probleem van Adams val gekomen. De ondraaglijke pijn van een dergelijke blootstelling is één ding, maar het is iets heel anders wanneer die pijn de manier bepaalt waarop we God zien. Adams pijn veranderde zijn begrip en de manier waarop hij zichzelf, zijn wereld en anderen zag onvermijdelijk. Maar het meest ingrijpende was, dat het de manier

---

4 C.S. Lewis: 'De grote scheiding' Oorspronkelijke titel: 'The Great Divorce' (New York: Collier Books, Macmillan Publishing Co., 1946) blz.64.

waarop hij God zag, veranderde. Adam projecteerde zijn eigen gebrokenheid op God. Door zijn angst besmeurde hij het beeld van God. Hierdoor werd hij in toenemende mate geterroriseerd en verdoemd tot een steeds verdergaande verkeerde interpretatie van het hart van God. God veranderde niet. Hij bleef dezelfde als altijd: trouw, vastbesloten om te zegenen, rechtvaardig en waar, en samen, als Vader, Zoon en Geest, overvloeiend van liefde en fellowship. Maar Adam was wél veranderd en hij projecteerde zijn pijn en angst op God, waardoor hij een mythologische, legendarische god creëerde. Voor deze mythologische god, deze projectie, voelde Adam de allerergste angst. Want hij geloofde dat hij met een god te maken had, die elk moment in woede kon uitbarsten en oordeel en totale afwijzing zou laten zien.

De val van Adam zadelde God op met een gecompliceerd communicatieprobleem. Want er was een grote lelijke kloof ontstaan tussen wie God werkelijk is en wat Adam over Hem *geloofde*. Vanaf dat moment is de waarheid over God versluierd, wordt het beeld van Hem voortdurend besmeurd en Zijn hart verkeerd begrepen. Al Zijn woorden, daden en intenties worden, door menselijke angst en projectie verkeerd geïnterpreteerd. Het is juist de aanwezigheid van God - die vol is liefde, genade en fellowship - die door de gevallen mens geïnterpreteerd wordt als de aanwezigheid van iemand wiens liefde willekeurig en voorwaardelijk is, wiens zegen - als die al komt - verdiend moet worden en van wie het karakter het meest op dat van een rechter lijkt.

De mens is nu de weg kwijtgeraakt en in de meest afschuwelijke duisternis beland: de duisternis van zijn eigen geest. Hij zit gevangen in een cyclus van angst, projectie en misvatting. De grootste ramp is echter niet dat de gevallen mens zijn angst op de wereld en de mensen om zich heen projecteert, maar dat hij zijn gebrokenheid op God projecteert. Daarbij komt dat hij vervolgens alle daden van God via die projectie interpreteert. Hoe kan God daar ooit doorheen breken en de waarheid over Zichzelf, over wie Hij is, met hen communiceren? Wat God zegt is één ding, maar wat we *horen* is iets heel anders. Want ons horen wordt onvermijdelijk gekleurd door onze angst, onze aannames, door de legendarische god van onze angstige verbeelding. Hoe krachtig God zich ook openbaart en hoe duidelijk dit van Zijn kant ook mag zijn, we nemen het altijd waar door onze 'geestelijk bril', en die is door de val totaal van God vervreemd en in feite tegengesteld aan de goddelijke waarheid. Hoe kan God ooit tot het gesluierde verstand van de gevallen mens doordringen? Hoe kan de mens ooit de echte God leren kennen en deelnemen aan de fellowship van de Vader, Zoon en Geest? En zelfs als God tot onze gevallen geest doordringt, blijft het probleem van de ondraaglijke pijn bestaan, wanneer Zijn aanwezigheid onze leegte blootlegt. Met dit dilemma kreeg de oneindige liefde van God door de val van Adam te maken.

Israël als baarmoeder van de incarnatie

Het antwoord van de Vader, de Zoon en de Geest op de val van Adam, die tot de totale ondergang leidde, kan met één woord worden samengevat: 'NEE!' In dat 'Nee' klinkt de echo van het eeuwige 'Ja' van de Drie-eenheid aan ons. De schepping vloeit voort uit de cirkel van het goddelijk verlangen te willen delen en Hun besluit, het vastberaden besluit, om Hun Drie-eenheidsleven met ons te delen. Gods wil om ons te zegenen en Zijn vastberaden 'Ja' aan ons, vertaalt zich vanwege de val, in een ondraaglijk 'Nee!' Omdat God *vóór ons* is, is Hij faliekant tegen - volkomen, eeuwig, hartstochtelijk en fel gekant tegen - onze vernietiging. Dat Hij radicaal tegen is, Zijn vurige, hartstochtelijke en vastberaden 'Nee!' tegen het drama van de zondeval, geeft het juiste begrip over Gods toorn. Toorn is niet het tegenovergestelde van liefde. Toorn is de liefde van God in actie, een actie die zich keert tegen het kwaad. Juist omdat de Drie-enige God een eeuwig 'Ja!' voor de mens heeft gesproken, een 'Ja!' om te leven en een 'Ja' voor volheid en vreugde voor ons, is Zijn antwoord op de val en zijn rampspoed daarom een krachtig en onverdraagzaam: 'Nee! Dit is niet acceptabel. Ik heb *jullie* niet geschapen voor ellende.' Dit is waar het verlossingsplan zich begint te ontvouwen.

God roept Abraham en door Abraham vestigt Hij een natie en met die natie begint Hij een lange en noodzakelijke, pijnlijke relatie. Eerst geeft Hij via Mozes de wet om de chaos van de val in goede banen te leiden en om de Israëlieten te laten begrijpen dat er een serieus probleem is. Het ging echter nooit om de wet, maar om de relatie tussen God en Israël. De levende God kwam, door het volk Israël, dichter bij het gevallen menselijk bestaan. God had Israël niet geroepen om nauwkeurige informatie over Zichzelf te verstrekken, zodat de Israëlieten een goede theologie zouden krijgen. God had Israël geroepen omdat Hij weer contact met de in Adam gevallen mensheid wilde, om een levende community en persoonlijke relatie aan te gaan.

Eén van de grote bijdragen van T. F. Torrance aan het christelijk denken, is de manier waarop hij de pijnlijke kronkel van Israëls bestaan begrijpt. Terwijl Adam en Eva zich voor God in de struiken verborgen, werd Israël geroepen om gemeenschap met God te hebben. Dat was ondraaglijk voor Israël omdat het om een échte relatie ging: niet met de wet, maar met God zelf. Aan de ene kant had je de Vader, Zoon en Geest met hun fellowship, intimiteit, overvloeiend leven, vreugde en heelheid. En aan de andere kant had je Israël: gevallen, corrupt, verwijderd, vervreemd, gebroken en bang, terwijl ze al hun angsten op God projecteerden. Hoe kon er van een echte relatie tussen God en Israël überhaupt sprake zijn?[5]

Keer op keer stond Israël klaar om weg te rennen. Ze konden de goedheid van God, Zijn liefde, vreugde en glorie niet verdragen. Net als Adam en Eva probeerden de Israëlieten zich voor de aanwezigheid van de Heer te verbergen. Ze deden een poging om een religie te creëren die God op veilige afstand zou houden. Ook

---

5 Zie 'The Mediation of Christ' (Grand Rapids: Eerdmann, 1983); 'God and Rationality' (Londen: Oxford University Press, 1971) Hoofdstuk 6: 'The Word of God and the Response of Man', 'Salvation Is of the Jews' (EQ vol. 22 (1950) blz. 164-173). En 'Israel and the Incarnation' (Judica vol. 13 (1957) blz. 1-18).

probeerden ze net zo te zijn als de landen om hen heen. Maar God liet hen niet los. Het opmerkelijke uit Israëls geschiedenis is, dat mensen uit de gevallen wereld van Adam, een volk dat vervreemd en doodsbang is, zich plotseling in één ruimte met God zelf bevindt. Denk nog eens aan de uitspraak van C.S. Lewis: 'Hier troonde een stralende God, wiens tijdloze geest als een last van massief goud op mijn ziel drukte.' Israël zat vast in een relatie - niet met abstracte waarheden over God, maar met *God zelf*. Dit gaat veel dieper dan een oppervlakkige aanraking van Israëls intellect: de openbaring van God was een goddelijke invasie in Israëls bestaan. Het betekende de zeer reële aanwezigheid van de levende God, die als een zware last op Israël drukte.

Door de schrijnende en pijnlijke beproeving van Gods relatie met het gevallen Israël ontstonden twee grote waarheden. Allereerst werd er een verbinding gemaakt naar de afgedwaalde denkwijze van de gevallen mens. Door de geniale, creativiteit van de Geest begon de openbaring van God door te dringen in Israëls projecties, verkeerde denkwijzen en heidendom. Het werkte als een louterend vuur, dat Israëls zieke denkwijze en wezen wegbrandde. Het levende Woord worstelde met Israëls gevallen geest en begon zich te bekleden met menselijke gedachten en ideeën. Het gevolg van deze worsteling en dit conflict was, dat er nieuwe concepten en plannen werden gesmeed, zoals: verbond, trouw, zonde, verzoening, barmhartigheid, community, en profeet, priester en koning. Al deze dingen zouden volgens Torrance 'het essentiële meubilair van onze kennis over God worden.'[6] Deze concepten en ideeën, die door het vuur van openbaring in de gevallen geest van Israël waren gesmeed, zouden de nieuwe geestelijke bril worden waardoor de wereld de waarheid over God kon gaan zien, en het instrument waardoor ze een levende en betekenisvolle relatie met de Vader konden aangaan.

Ten tweede zorgde de echte aanwezigheid van God te midden van het gevallen Israël voor opschudding die de matrix zou worden

---

6 Thomas F. Torrance, 'The Mediation of Christ' (Grand Rapids: Eerdmans, 1983) blz. 20.

voor de incarnatie zelf. Zoals Torrance zegt: 'In Israël was het Woord van God al op weg om vlees te worden'.[7] Want openbaring betekent niets minder dan de onthulling van God Zelf en niet alleen waarheden over Hem. Openbaring betekent dus een levende ontmoeting, die zich uitstrekt naar vervulling en wordt gekenmerkt door het kennen en door fellowship. Het levende Woord van God vindt echter zijn ware vervulling niet alleen door zich te bekleden met menselijke woorden en gedachten, maar wordt tot uitdrukking gebracht in het bestaan van vlees en bloed. Het zou dwars tegen Gods natuur ingaan wanneer Zijn openbaring aan Israël, Israël zou toestaan om haar gebrokenheid onder het tapijt te vegen. Er kon geen sprake zijn van verbergen, ontkenning, of religie. Door de echte aanwezigheid van God werden allerlei conflicten met Israël aangewakkerd. Het bracht in Israël de val van Adam duidelijk naar de oppervlakte en creëerde het allergrootste gevecht.

Dit conflict tussen God en Israël is niets minder dan de voorgeschiedenis van verzoening en herstel, de eerste flitsen van de onmogelijke eenheid tussen God en de gevallen mensheid. Want het was Israël - *het gevallen Israël* - dat ondanks haar vervreemding, in de tegenwoordigheid van de Heer moest komen en geroepen werd om serieuze stappen te zetten om gemeenschap met de ware en levende God te hebben. De tegenstrijdigheid en fellowship die door de openbaring van God aan Israël - te midden van haar duisternis en vervreemding - was gecreëerd, werd de eerste vorm van dood en opstanding. Het was de eerste heenwijzing naar het einde en een nieuw begin van het gevallen menselijk bestaan in Adam, naar het nieuwe verbond, van Pinksteren en de komst van het koninkrijk van God. Maar meer nog creëerde het conflict, dat was ontstaan door de openbaring van God aan het gevallen Israël, de 'baarmoeder voor de incarnatie'[8] - de levende situatie en de ondraaglijk, pijnlijke

---

7 'Conflict and Agreement in the Church' (Londen: Lutterworth Press, 1959) vol. 1, blz. 266.

8 De zinsnede van T.F. Torrance. 'God and rationality', (Londen: Oxford University Press, 1971) blz. 149; 'Reality and Evangelical Theology' (Philadelphia: Westmister Press,

spanning waarin de Zoon van God geboren zou worden.

De radicale verandering van het bestaan in Adam naar het zijn in Jezus Christus

Denkend aan het feit dat Jezus Christus naar de hemel is gegaan, denkend aan het feit dat Hij nu en voor altijd aan de rechterhand van God de almachtige Vader zit - zoals het in de geloofsbelijdenis staat - en denkend aan de hemelvaart in de context van Adams val en Israëls conflict met God, brengt je in aanraking met het wonder van het werk van Jezus Christus. De hemelvaart betekent dat een mens, een Jood, een zoon van Adam, nu en voor altijd persoonlijk dicht bij de Vader is en Hem in de ogen kan kijken. Nu en voor altijd leeft iemand, uit de vreemde wereld van Adam, in community en volstrekte eenheid met God de Vader, met wie Hij alle dingen deelt, in onbelemmerde gemeenschap met de Geest.

Vertoeven aan de rechterhand van God de almachtig Vader is precies het tegenovergestelde van het zich verstoppen in de struiken in de hof van Eden en van Israël die van God wegrent, en het tegenovergestelde van religie. De boodschap van hemelvaart is dat Jezus Christus, de vleesgeworden Zoon van God, de val van Adam en Eva teniet heeft gedaan en dat het bestaan in Adam zich radicaal naar God heeft gekeerd. Er is sprake van een fundamentele, nieuwe structuur voor een juiste relatie met God. De hemelvaart van Christus spreekt er ook over dat God en Israël verzoend zijn en dat de boze met zijn verslavende leugen op beslissende wijze verslagen is. In plaats van tegenstrijdigheid of conflict, draait het in het verbond nu om community. Niet de illusie van de boze, maar waarheid domineert nu de relatie tussen God en de mens in Jezus Christus.

De christelijke kerk heeft altijd beleden dat Jezus Christus God is

1982) blz. 87; 'Theology in Reconstruction, Hoofdstuk 8: 'The place of Christology in Biblical and 'Dogmatic Theology" (Grand Rapids: Wm B.Eerdmands Pub. Co., 1985) blz. 145.

die in het vlees gekomen is en dat Hij volledig God en volledig mens is. Wanneer we over deze twee waarheden nadenken, komen we tot de kern van het werk van Jezus Christus. De som en essentie van het werk van Christus is dat de eeuwige Zoon van God mens werd en Zijn goddelijk Zoonschap uitleefde in ons gevallen bestaan. En daardoor is niet alleen het gevallen bestaan in Adam radicaal veranderd, maar smeedde Hij ook een echte en blijvende relatie, een eenheid tussen God de Vader en de gevallen mensheid.

Aan de ene kant is er de waarheid dat Jezus Christus de eeuwige Zoon van God is, de geliefde van de Vader, die al eeuwig met heel Zijn hart, ziel, verstand en kracht van de Vader houdt, met wie Hij alles deelde in een ongeëvenaarde gemeenschap met de Geest. De incarnatie gaat niet louter over een of ander goddelijk wezen dat mens wordt. De christelijke kerk belijdt niets over een abstracte godheid, een eenzame-cowboy-god die in afzondering leeft, maar belijdt dat God Vader, Zoon en Geest is. Het was niet een god, maar de *Zoon* van God, die mens werd. De incarnatie is daarom de daad van de Drie-enige God, en betekent niets minder dan dat de eeuwige community van de Drie-eenheid naar de aarde kwam. Toen de Zoon van God over de kloof stapte en het menselijk bestaan binnenging, liet Hij Zijn Vader en de Geest niet achter. De incarnatie betekent dat het leven van de Drie-eenheid: hun fellowship, community en saamhorigheid, en álle volheid vreugde en glorie die de Vader, Zoon en Geest samen hebben, zich in het menselijk bestaan vestigde.

Aan de andere kant is er de onthutsende waarheid dat de Zoon van God *vlees* werd (zie Johannes 1:14). Het is één ding om te zeggen dat de Zoon van God mens werd; het is iets heel anders om te zeggen dat Hij *vlees* is geworden. 'Vlees' plaatst de incarnatie niet alleen in het menselijke bestaan, maar ook binnen de grenzen van het gevallen bestaan in Adam. Het kon niet op een andere manier. De missie van Jezus was om *de gevallen mensheid* naar de rechterhand van de almachtige Vader te brengen. Zijn missie was om *ons* met God te verzoenen, de breuk te helen, de val ongedaan te maken en ons tot heerlijkheid te brengen. De verbijsterende waarheid van de incarnatie is, dat de Zoon van God regelrecht in het kolkende water van de zondeval stapte. Hij kwam terecht in het moeras van menselijke afstandelijkheid en vervreemding van God. We begrijpen de incarnatie pas als we zien dat de Zoon van God in de huid van de gevallen Adam kroop en Adams vervreemde geest op zich nam.

Aan beide waarheden moet niet getornd worden en ze moeten niet los van elkaar gezien worden, anders gaat alles verloren. Als Jezus Christus niet de geliefde Zoon van de Vader is, die in community met de Vader in de Geest leeft, dan heeft Hij niets te geven aan de gevallen mensheid. Door een breuk in Hun fellowship, zou Jezus net zo worden als ieder ander mens, die van God vervreemd is. Aan de andere kant als de Zoon van God er niet in slaagt om in Adams vervreemding, onze gebrokenheid, en perversie door te dringen, zullen alle zegeningen van God die Hij tot Zijn beschikking heeft, *ons* niet bereiken. Het menselijk bestaan in Adam blijft dan onaangeroerd, wordt niet genezen en niet gered. De verbondsrelatie tussen God en Israël blijft vol conflict en tegenstrijdigheden en de mens blijft vastzitten in de illusie van de boze - verloren voor God.

Het bestaan van het universum met daarin de mens is geen toeval. Toen de Drie-ene God de wereld schiep, was dat Zijn eerste daad van een enorm onvoorstelbaar, genadig plan om de mens in de cirkel van het leven van de Drie-eenheid te brengen. Het hogere doel van de schepping is adoptie. Voor dit doel was de incarnatie van de Zoon voorbestemd, want er zou nooit een eenheid kunnen bestaan tussen de Drie-eenheid en de mensheid als God Zich van Zijn kant niet diepgaand zou neerbuigen, alleen dát zou een echte en daadwerkelijke eenheid tussen het leven van God en het menselijk bestaan tot stand brengen. Paulus zegt dat we vóór de grondlegging van de wereld voorbestemd waren om door Hem geadopteerd te worden, én dat het was voorbestemd dat het 'door Jezus Christus' zou worden volbracht (Efeziërs 1:4-5). Al eeuwig draait alles om onze adoptie. De schepping is het begin en de eerste stap naar de vervulling hiervan en bereidt de weg voor de incarnatie van de Zoon, en het bereiken van onze adoptie in Hem. Door de val van Adam werd de incarnatie een pijnlijke gebeurtenis die een ongekend risico met zich meebracht. Want wanneer de Zoon van God Adams wereld binnenkomt en zijn gevallen geest op zich neemt, is er een reële kans dat Hij in de god, die Hij dáár ontmoet, gaat geloven. En als Hij daarvanuit gaat leven, zou Hij Zijn eeuwige relatie met de Vader en de Geest geweld aan doen. Wat bij de incarnatie in het geding was, was dat je aan de ene kant het wezen van God had - wie Hij is en daarom ook het bestaan van het universum - en aan de andere kant het belang van de redding van de mens. Vol verbazingwekkende genade zet de Drie-ene God Zijn wezen op het spel om ons te zegenen.

De incarnatie betekent dat hoewel Jezus de eeuwige en geliefde Zoon is, die met de Geest gedoopt is en van wie de Vader getuigt, Hij ziet wat Adam ziet. Door Adams wereld binnen te gaan, gaat de Zoon van God Adams gevallen geest binnen. Hij kijkt door Adams bril, met de lenzen die Gods beeld vertroebelen, waardoor de ogen van de Vader vol onverschilligheid, afkeer, oordeel en afwijzing lijken. Alles wat Adam op God projecteerde, alles wat hij voelde en zag, voelde en zag Jezus ook als 'realiteit' en even intensief als Adam.

De schijnbare tegenstelling in het hart van het christendom is dat de Zoon van God het gevallen menselijk bestaan in Adam binnenging, zonder dat Hij ophield de Zoon van God te zijn. Hij werd 'Adam' zonder op te houden de trouwe Zoon van de Vader te zijn. Het leven van de Drie-eenheid kruiste de gebrokenheid van het gevallen menselijk bestaan. Hoe is dit mogelijk? Hoe kon de community van de Drie-eenheid doordringen in de plek waar Adam zich verborg? Hoe kon de saamhorigheid en de integriteit van de Vader, Zoon en Geest de gebrokenheid en perversie van het gevallen menselijk bestaan in Adam binnengaan? Hoe kon Hij die de Vader kent en de Vader met heel zijn hart liefheeft, de dwarse koppigheid, blindheid en projecties van Adam en Israël binnengaan? Hoe zou deze tegenstrijdigheid mogelijk kunnen zijn?

Het antwoord is dat dat niet mogelijk is! Er moest iets gebeuren, er moest iets veranderen. Het was het een of het ander. Het betekende een eeuwig einde aan de gemeenschap van de Vader, Zoon en Geest, of het menselijk bestaan in Adam moest fundamenteel veranderen. Of er zou een breuk in de liefde van de Drie-ene God komen, of 'Adamsvlees' moest zich tot God keren. Er moest een radicale omkering plaatsvinden, een fundamentele herstructurering, hetzij in het wezen van God, hetzij in het wezen en karakter van Adam.

Dat de fellowship van de Vader, Zoon en Geest in onze afstandelijkheid en vervreemding kwam, betekende niet de ondergang van de Drie-eenheid; het betekende oorlog. Zoals Lucas ons vertelt, sloeg Jezus Christus zich er vechtend doorheen. De Zoon van God kwam in ons gebroken, gevallen, vervreemde menselijke bestaan en heeft ons vlees op zich genomen. Hoewel Hij in Adams, Israëls en onze schoenen stond, weigerde Hij resoluut om te zijn als Adam of Israël (of te zijn als wij). Hij ging het gevallen menselijk bestaan binnen en besloot standvastig om niet in een 'gevallen staat' te vervallen. Stap voor stap, slag na slag en van moment tot moment weigerde Hij in de god van Adam te geloven en hield Hij met heel zijn hart, ziel, verstand en al Zijn kracht van Zijn Vader. Stap voor stap, slag na slag en van moment tot moment hamerde Hij erop dat Hij de Zoon was, door op het aambeeld van het gevallen bestaan in Adam te slaan. Stap voor stap, slag na slag en van moment tot moment drong Hij de grondige, koppige dwaasheid van de gevallen menselijke geest terug.

Het kostte 33 jaar van tegenstand, beproeving, verleiding, onder luid geroep met tranen. In Gethsemane komt deze pijn, de overweldigende zwaarte, strijd, passie en kwelling allemaal bij elkaar. Dit alles is het venster waardoor je het hele leven van Jezus Christus moet zien. Als we het lijden van Jezus Christus en de pijn die Hij droeg, alleen maar tot een paar eindeloze momenten aan het kruis terugbrengen, missen we volledig waar het allemaal om draait. Zijn hele leven was een schrijnende beproeving van strijd, lijden, tegenstand en pijn. Want Hij leefde Zijn Zoon-zijn uit in het door Adam gevallen menselijk bestaan. Zijn hele leven was een doorlopende kruisiging - en opstanding.

De dood van Jezus Christus was geen straf van een boze God. Het was de ultieme identificatie van de Zoon met de gevallen mens in Adam, en de hoogste uitdrukking van trouw aan Zijn identiteit als Degene die in gemeenschap met de Vader en de Geest leeft. Want Hij kwam echt in onze gebrokenheid, afstandelijkheid en vervreemding. Hij droeg de ondraaglijke tegenstrijdigheid in Zijn eigen wezen, en bracht - terwijl Hij door vuur ging en beproefd werd - de oplossing, door aan 'Zijn menselijke vlees' te sterven en door de kruisiging op Golgotha. Want als *vleesgeworden* Zoon kon Hij - vanwege de zondeval - op geen enkele andere manier Zijn gemeenschap met Zijn Vader uitleven, dan door een radicale besnijdenis van Zijn 'menselijke vlees' en door het volledig ongedaan maken van Adams invloed op de menselijke geest.

Het onverdraagzame 'Nee!' dat God uitriep bij de val, komt tot uitdrukking in de incarnatie en in de persoonlijke weigering van Jezus Christus om in duisternis te leven: 'Ik zal niet in duisternis wandelen en niet in Adams mythologische god geloven. Ik zal Mijn Vader nooit verlaten en de Geest nooit Mijn rug toekeren.' Wat nog belangrijker is, is dat het 'Nee!' van God, als reactie op de val, het 'Ja!' wordt van de vleesgeworden Zoon: 'Ik zal Mijn Vader met heel mijn hart, ziel, verstand en met al Mijn kracht liefhebben. Ik zal met en in de Heilige Geest leven. Ik zal trouw zijn aan Mezelf als de geliefde van de Vader.' Het prijskaartje van dat 'Ja!' betekende 33 jaar van lijden. In en door dat lijden keerde de geïncarneerde Zoon gestaag het menselijk bestaan in Adam binnenstebuiten, drong Hij standvastig de vervreemding van de val terug, en herstructureerde Hij gaandeweg de relatie tussen God en de mens. Aan het kruis kwam het allemaal tot een triomferend einde. Daar zette Hij de beslissende stap naar een radicale omkeer van 'Adams vlees'. Daar riep Hij Zijn laatste en beslissende 'Nee!' tegen Adam en Adams legendarische god en klonk Zijn laatste en beslissende 'Ja' aan Zijn Vader. Hij stierf en Adams invloed op het gevallen menselijke bestaan stierf met Hem.

Aan het kruis drong Jezus door tot de wortel van het probleem van de vervreemding van de mens, die door Adams val was ontstaan. Hij begaf zich in de onvoorstelbare afgrond van Adams vervreemding. De plek waar Adam beefde van angst, waar zijn ziel beschadigd was, waar hij het beeld van God zwart had gemaakt en de aanblik van 'die god' hem doodsbang maakte, waar Adam zich alleen nog verlaten, afgewezen, veracht en volkomen door God in de steek gelaten voelde. Aan het kruis heeft Jezus de angstaanjagende hel van de mythe, die na Adams val was ontstaan, tot in het diepst van Zijn ziel gevoeld, waardoor Hij in doodsangst uitriep: 'Mijn God, Mijn God, waarom hebt U mij verlaten?' Maar precies dáár, precies in die onvoorstelbare afgrond van onuitsprekelijke pijn, weigerde Jezus Christus de leugen te geloven, en kende Hij de Vader en had Hem lief. De laatste woorden waren niet: 'Mijn God, mijn God waarom hebt U mij verlaten?' zijn laatste woorden waren: 'Vader, in Uw handen beveel Ik Mijn Geest.' Zelfs daar - *juist* daar - midden in de strijd tegen Adams projectie, in de diepte van de menselijke vervreemding, heeft de gemeenschap, die de Vader, Zoon en Geest samen hebben, gewonnen.

Na de opstanding zien we een mens, van wie we weten dat Hij de goddelijke vleesgeworden Zoon is, maar het is de Zoon als *méns*. Een mens uit de wereld die beheerst werd door Adams aannames, die de Vader kent en liefheeft. Een mens uit de diepte van de vervreemding, die opstond in een intieme connectie met God de almachtige Vader. Een mens uit Adams nageslacht, in wie geen spoor van de zondeval te vinden is. Een mens die voor eeuwig echte connectie met de Vader heeft in onbelemmerde gemeenschap met de Geest.

De dood van Jezus Christus was niet het einde van de goddelijke relatie tussen de Vader, Zoon en de Geest. Het was Zijn absolute triomf! Want het sterven aan het kruis was de definitieve en besliste weigering van de Zoon om als Adam te zijn en om deel te gaan uitmaken van zijn gevallen wereld. Als zodanig was de dood van Christus de radicale besnijdenis van het menselijke vlees in Adam en het einde van de menselijke vervreemding van God. Het was de laatste daad om de gevallen geest fundamenteel te hervormen tot eenheid en fellowship met God. In Jezus Christus kwam er een eind aan het - door Adams invloed - gevallen menselijk bestaan en brak er een nieuw begin aan.

Jezus Christus is geen goddelijk instrument dat God oppakte, een tijdje gebruikte en weer in de hemelse gereedschapskist terug stopte. En Hij is zeker niet een of andere accountant die een juridisch grootboek bijhoudt in de hemel. Jezus Christus is de levende verzoening, het levende herstel. Hij is een mens uit Adams verloren wereld vol duisternis, die nu en voor altijd vlakbij God de Vader is. Hij is een mens uit Adam, die nu en voor altijd één met de Vader is, met wie Hij in eenheid en community leeft. Hij is door de Vader geaccepteerd en omhelsd en zit aan Zijn rechterhand in ongeëvenaarde gemeenschap met de Geest.

Waarom stierf Jezus Christus? Hij stierf omdat de Drie-ene God ons liefheeft met een eeuwige en hartstochtelijke liefde en omdat de Drie-ene God absoluut niet wilde dat wij vernietigd zouden worden. Hij stierf omdat de enige manier om van de val van Adam naar de rechterkant van God de almachtige Vader te komen, het herscheppen van het menselijke bestaan in Adam was. En daarvoor was de incarnatie van het leven van de Drie-eenheid, nodig, inclusief 33 jaar strijd en lijden, de kruisiging en de opstanding van de mens in Adam.

Het goede nieuws

Maar ook nu raken we alleen de oppervlakte van wie Jezus Christus is. Blijven wij na Jezus' hemelvaart - zoals beschreven in het nieuwe testament - naar de hemel staren, terwijl we ons afvragen hoe we Jezus kunnen volgen? Was dit er door vuur en beproevingen ingehamerd, zodat we een geweldig voorbeeld zouden hebben om na te volgen? Als we stoppen bij de dood, opstanding en hemelvaart van Christus, kan het menselijk bestaan in Adam zich misschien naar

God hebben gekeerd, zit er misschien iemand uit de gevallen wereld van Adam aan de rechterhand van de Vader, die in verbondenheid met de Geest leeft - maar dan hebben we nog steeds geen evangelie, en het eeuwige doel van de Drie-ene God voor *ons* is nog steeds niet vervuld. Want dan zijn we voorlopig alleen nog maar toeschouwers, die nog steeds van buiten naar binnen kijken.

De diepste vreugde uit het nieuwe testament is het feit dat God in deze *ene* mens, Jezus Christus, niet alleen met Adam of met het algemene menselijk bestaan in Adam afrekende, maar met de hele mensheid. Het nieuwe testament laat ons niet in het ongewisse over Jezus Christus, maar laat ons zien dat wíj *met* Christus gekruisigd en *met* Hem opgewekt zijn, en *met* Hem aan de rechterhand van de Vader zitten. De apostel Paulus vat het eenvoudig, maar zeer verbluffend samen in 2 Korintiërs 5:14. Hij geeft aan dat hij tot een conclusie is gekomen, die zowel zijn leven als zijn kijk op de geschiedenis - met daarin de mens - heeft veranderd. De conclusie was 'dat één voor allen gestorven is, waardoor allen gestorven zijn.' Hoewel alleen Jezus Christus stierf en opstond, zag Paulus duidelijk dat de hele mensheid bij alles wat er met Jezus Christus gebeurde, was opgenomen.

Paulus legt niet uit hoe dit kon gebeuren; hij is gewoon opgewonden en ervan onder de indruk. Hij ziet dat God in deze ene mens, de hele mensheid bij elkaar bracht. In het oude testament zijn ook verwijzingen van dit samengaan, deze verbinding te zien. Denk maar eens aan de hogepriester, die tijdens zijn dienst in het heilige der heiligen het hele volk Israël vertegenwoordigde, waarbij alles wat hem in die heilige plaats overkwam, heel Israël overkwam. En in het verhaal van David en Goliath was de toekomst van de twee respectievelijke naties nauw verbonden met de uitkomst van de strijd tussen deze twee mannen. Als Goliath won, zouden de Israëlieten slaaf van de Filistijnen worden en als David won, zouden de Filistijnen slaaf van de Israëlieten worden. En wanneer we naar Adam kijken, zien we dat zijn val drastische gevolgen had voor de hele mensheid. De verbinding tussen de hogepriester en Israël, tussen David en Goliath met de landen die ze vertegenwoordigden, tussen Adam en de mensheid, zijn een voorafschaduwing van de verbinding tussen Jezus Christus en de mensheid. Volgens Paulus was Adam slechts een beeld van Jezus (Romeinen 5:14): het echte Hoofd en de Heer van de hele mensheid.

Onder de conclusie van Paulus 'dat één voor allen gestorven is, waardoor allen gestorven zijn', en onder de proclamatie van Johannes 'dat Jezus het Lam van God is dat de zonde van de wereld wegneemt', en onder de verklaring in het nieuwe testament 'dat Jezus Christus Heer is', ligt de fundamentele waarheid dat er een cruciale verbinding bestaat tussen Jezus Christus en de mensheid. Wij waren en zijn met Hem en met wat er met Hem is gebeurd, verbonden. In alles wat er met Jezus gebeurde waren wij aanwezig, zelfs zo dat *onze* identiteit, *ons* bestaan, *ons* verleden, heden, toekomst, *onze* relatie met God en met elkaar en met de schepping fundamenteel opnieuw werd gerangschikt in deze *ene* mens. Het was niet alleen het menselijk bestaan in Adam dat in Jezus Christus werd gekruisigd; het was Adam, jij en ik en de totale mensheid.

Het nieuwe testament is vol over Jezus Christus, de Zoon van God, die vlees is geworden, zodat we meer zullen weten over God en wat er met de Zoon van God gebeurd is. We kunnen lezen over de geschiedenis van de Zoon: De eeuwige Zoon van God werd mens. Hij werd geboren uit de maagd Maria. Hij leefde, stierf en stond op uit de dood. Hij is opgevaren en zit nu voor eeuwig aan de rechterhand van God de almachtige Vader. Dat het nieuwe testament zo vol is over wie de Zoon van God is, zegt ook iets over ons; wie wij - als de mens in Hem - zullen zijn. Omdat het laat zien wat er van de Zoon is geworden, kunnen we zien hoe de mensheid, zal worden in en door Zijn leven, dood, opstanding en hemelvaart.

De fundamentele waarheid die het evangelie tot *goed nieuws* maakt, is de verbinding, de objectieve eenheid tussen Jezus Christus en de mensheid. Zonder deze verbinding is er helemaal geen goed nieuws voor ons. Die verbinding betekent dat één voor allen gestorven is, waardoor allen gestorven zijn. Die objectieve eenheid betekent dat de dood van Christus onze dood was; dat op dat moment de mens (in Jezus Christus) werd gekruisigd, met Hem doodging en begraven werd, en dat aan het kruis op Golgotha onze ziekte, afstandelijkheid, vervreemding en ons vlees werd gekruisigd.

Paulus heeft dit begrepen. Hij begreep dat er aan Adams en onze val, aan Adams en onze vervreemding, aan Adams en onze zonde, abrupt een einde was gekomen en dat dit toen allemaal in Jezus Christus gedood was. *Daardoor* begreep Paulus de opstanding ook. Immers als wij met Jezus Christus in Zijn dood verbonden waren, waar waren we dan tijdens Zijn opstanding? Kijk eens naar wat Petrus in 1 Petrus 1:3 zegt: 'Gezegend zij de God en Vader van onze Heer Jezus Christus, die *ons* in Zijn grote barmhartigheid opnieuw geboren heeft laten worden tot een levende hoop, door de opstanding van Jezus Christus uit de dood.' Jezus Christus stierf én Hij stond op Paaszondagochtend weer op uit de dood. De kern het evangelie is het nieuws dat er tijdens Zijn dood en opstanding iets met jou en mij en de hele mensheid is gebeurd. Toen Hij daar 2000 jaar geleden stierf, stierven wij ook en toen Hij opstond, stonden wij ook op naar een nieuw leven. Dit is hoe Paulus het beschrijft:

> Maar God die rijk is aan barmhartigheid, heeft ons vanwege Zijn grote liefde waarmee Hij ons liefhad, hoewel we door waren door onze overtredingen, samen met Christus levend gemaakt, - door genade bent u gered - en Hij heeft ons met Hem opgewekt, en ons een plaats gegeven in de hemels gewesten (Efeziërs 2:4-6).

Het evangelie is het verbazingwekkende nieuws over wat er met de Zoon van God is gebeurd, en het even verbluffende nieuws dat er in Hem iets met de mensheid is gebeurd. Als in Adam - die slechts een geschapen mens was - de mensheid ten val kwam, wat gebeurde er dan in de dood van Jezus Christus, de vleesgeworden Zoon van God met de mensheid? Het antwoord van Paulus 'Toen Jezus Christus stierf, stierven wij' is nog maar het begin. Want toen Hij opstond, stonden wij ook op. Hij is opgevaren en zit aan de rechterhand van de almachtige Vader, de plaats van eer, liefde, verrukking en volledige, totale aanvaarding. En Paulus zegt dat in Zijn hemelvaart ook wij met Hem zijn opgevaren, en dat we dáár voor altijd zijn verwelkomd, aanvaard en omhelsd en aan de rechterhand van de Vader zitten.

Het evangelie is het goede nieuws over wat er met de Zoon van God gebeurde, en wat er in Hem met óns gebeurde. Het is het nieuws dat Adam en wij allemaal met Christus zijn gekruisigd, gestorven en begraven, en dat Adam en wij allemaal op de derde dag met Jezus uit de dood opstonden en nieuw leven ontvingen. Daarna werden we in Jezus' hemelvaart met Hem verhoogd en hebben we met Christus een plaats gekregen aan de rechterhand van de Vader.

Wat gebeurde er aan het kruis en waarom stierf Jezus? Hoe kunnen we begrijpen wat Zijn dood betekent? De dood van Jezus Christus was een onderdeel van een naadloze beweging waarin de Drie-ene God vat kreeg op de mensheid, waardoor het menselijk bestaan beslissend en soeverein is veranderd, is gezuiverd van alle vervreemding, tot nieuw leven is gewekt en tot eenheid met de Vader, Zoon en Geest werd verheven.

Het is volbracht.

HOOFDSTUK 2

Een kanttekening bij de 'evangelische' theologie

In Jezus Christus werd eindelijk de sluier van de menselijke aannames doorslaggevend doorboord en de verbluffende waarheid over God volledig onthuld (Hebreeën 1:1-3). Terwijl de vroege kerk worstelde met de openbaring van God in Christus, benadrukte ze de specifiek christelijke visie op God als Vader, Zoon en Geest. Laverend tussen allerlei verkeerde opvattingen, ging de kerk begrijpen dat het Drie-eenheidskarakter van God niet louter een aanhangsel was, dat aan een reeds bestaande leer over God toegevoegd diende te worden, maar een revolutionair inzicht. Een inzicht dat zo fundamenteel was, dat er een berouwvolle heroverweging van alle menselijke opvattingen over God nodig was. De relatie die de Vader, Zoon en Geest samen hebben is niet een waarheid naast andere waarheden over God; het is de waarheid over God! Hierin ontwaren de kerk en de wereld hét licht, dat niet alleen de weg wijst naar de ware kennis van God, maar ook inzicht verschaft over de schepping, het menselijk leven en de geschiedenis.

Door Jezus Christus wordt de mensheid opgeroepen om het adembenemende beeld van de Drie-ene God te zien en de eeuwige passie van de Drie-eenheid om ons te zegenen met een zegen die onze stoutste dromen te boven gaat. Dit beeld is absoluut opwindend en prachtig, maar botst wel met onze natuurlijke manier van denken. Paulus zegt in 1 Korintiërs 2:14: 'Een ongeestelijk mens kan de dingen van de Geest niet ontvangen.' Berouw, een radicale omkeer van onze geestgesteldheid en een volledige heroriëntatie van ons begrip, zijn altijd het gevolg van 'openbaring'. Want hoe mooi en leven-gevend de openbaring van God in Christus ook is, het druist wel in tegen onze natuurlijke denkpatronen. Het is een confrontatie met onze aannames en projecties, ons legendarische begrip over

God, de mensheid en haar geschiedenis.

De kerk is geroepen om in de geschiedenis ruimte te geven aan de openbaring van God in Christus. Aan de ene kant betekent dit dat de kerk geroepen is om al haar opvattingen over God langs de lat van openbaring te leggen, om aan de kaak gesteld, geëvalueerd en beoordeeld te worden. Aan de andere kant betekent het dat de kerk geroepen is om het licht van Christus het licht te laten zijn, dat ons verlicht en ons beetje bij beetje meer duidelijkheid geeft. De openbaring van God als Vader, Zoon en Geest stimuleert ons om te geloven en te belijden, te aanbidden en te bewonderen, ons denken te veranderen en ons over te geven, te gehoorzamen en te vertrouwen, om in elke situatie aan de belofte vast te houden en te weten dat de waarheid ons vrijmaakt - met een vrijheid, leven en vreugde die deze wereld te boven gaan.

De wettische god

In de ontwikkeling van de westerse theologie zijn de zaken nog nooit zo zwart-wit geweest. Men stond niet toe dat onze aannames over de openbaring van God in Christus op een goede manier beoordeeld werd. Keer op keer werden vreemde opvattingen over God niet gecheckt - alsof de werkelijke openbaring over God in Christus slechts één van de vele openbaringen zou zijn. Vreemde ideeën over God, werden niet langs de lat de van de Drie-eenheid gelegd en er vond geen verandering van denken plaats. Ideeën die voor de natuurlijke geest voor de hand lagen en heel aannemelijk leken, mochten naast de werkelijk openbaring over God in Christus blijven bestaan. Dit gedachtegoed heeft niet alleen ons beeld van Hem misvormd, maar ook ons begrip over Zijn relatie met de mens - met alle rampzalige gevolgen van dien.

Om te beginnen, heeft de heiligheid van God een veel te prominente plaats gekregen in de manier waarop we God en Zijn relatie met de mens zien. Misschien ben ik te voorbarig. Want het gaat niet per se over de heiligheid van God, maar over onze ongeestelijke kijk op heiligheid die ons denken over God heeft gekleurd. Daardoor is onze kijk op vrijwel alles wat er over Gods relatie met de mens is gezegd, evenals Jezus' dood aan het kruis, gevormd.

In de volledige en definitieve openbaring van God als Vader, Zoon en Geest zijn ons een paar lenzen gegeven waardoor we de diepere waarheid van bepaalde opvattingen en ideeën kunnen zien, die in de lange geschiedenis van Israël al vorm begonnen te krijgen. Als christenen - degenen die geloven dat God in Jezus Christus door het voorhangsel van de menselijke mythe heendrong en de absolute en eeuwige waarheid openbaarde - moeten we het boek herlezen en alle opvattingen die voor Israël vanzelfsprekend leken, heroverwegen. Want in Jezus Christus hebben we toegang gekregen tot de logica die voortvloeit uit Gods wezen, dus tot de werkelijke reden van het ontstaan van het universum en het menselijk bestaan.

De heiligheid van God, Zijn soevereiniteit, gerechtigheid en rechtvaardigheid, Zijn liefde en toorn zijn allemaal essentiële kernmerken van de Drie-eenheid. Want God werd niet plotseling de Drie-ene God in de tijd van het nieuwe testament. Het is geen nieuwe God die wij in Jezus Christus ontmoeten. De Drie-eenheidsrelatie van Vader, Zoon en Geest is geen nieuwe vorm die God op een bepaald moment aannam; van eeuwigheid tot eeuwigheid is dit wie God is. God heeft er echter millennia overgedaan om de mensheid van deze eeuwige waarheid op de hoogte te brengen. De hele geschiedenis van Israël, van Genesis tot Maleachi, is slechts het 'begin' geweest om de mens inzicht te geven. Aan het eind van het verhaal doorbreekt God eindelijk de menselijke dwaasheid en ontvangen we het ware licht, waardoor we alles kunnen en moeten interpreteren. Als we hier de mist ingaan, falen we om een échte christen te zijn, omdat we het feit niet serieus nemen dat we in Jezus Christus de eeuwige waarheid over God ontmoeten, die ouder is dan de schepping.

De heiligheid van God is één van die bijzondere eigenschappen die er bij de gevallen geest van Israël werd ingehamerd. Om de heiligheid van God goed te begrijpen, weet dan dat het een kenmerk van de Drie-eenheid is. Wanneer we de vreugde, de volheid en de liefde van de Vader, Zoon en Geest nemen en Hun wederzijdse plezier en passie en de pure saamhorigheid van Hun relatie, die vol is van intimiteit, harmonie en heelheid, en het in één woord zouden samenvatten, dan zou dat 'heiligheid' zijn. Dit ene woord is zwanger van het wonder, de schoonheid, de uniekheid, de gezondheid en de juistheid van het leven van de Drie-eenheid.

Hoewel de christelijke kijk op heiligheid veranderde, ontwikkelde de Drie-eenheidsgedachte zich in de westerse traditie nooit echt. In plaats daarvan werd de heiligheid van God losgemaakt van de Drie-eenheid, en door het juridische systeem van de Romeinen beïnvloed. Door de Romeinse concepten over wet en orde, misdaad en straf, blinde en kille gerechtigheid, kreeg heiligheid een andere betekenis. Binnen deze roestvrijstalen wereld van zuiver recht ging 'heiligheid' 'wettelijke perfectie' of 'morele correctheid' betekenen. Dit idee over heiligheid sloop via de achterdeur de leer over God binnen en heeft ons hele begrip over Gods relatie met de mens en het werk van Christus gevormd.

In plaats van het Drie-eenheidsinzicht over heiligheid te volgen, lieten we toe dat de heiligheid van God iets wettisch werd. Het beeld van God werd door het juridisch systeem zodanig besmeurd, dat de diepe onderlinge fellowship van de Vader, Zoon en Geest vrijwel overschaduwd werd. Hierdoor veranderde de logica van het universum. Ons denkkader over God, de schepping en de relatie tussen God en de mensheid, schakelde naar een vreemde, 'wettische' versnelling. Het werd 'normaal' om vanuit de wet te denken en om voor Gods relatie met de mensen termen als wet en straf te gebruiken. Maar deze gedachtegang verraadt het feit dat de relatie van God met mensen veel ouder is dan de wet.

Voordat er ooit van een wet sprake was, was de Drie-eenheid en het onweerstaanbare leven, fellowship en vreugde van de Drie-ene God er al. De logica van het universum en het menselijk bestaan is uit deze relatie voortgekomen. Het eeuwig doel van de Drie-ene God was niet om ons de wet op te leggen, zodat we religieuze, wettische mensen zouden worden, maar om ons in Hun relatie op te nemen en ons een plaats te geven in Hun gezamenlijk leven, Hun gemeenschap en vreugde. Als we in termen van de wet zouden spreken, dan zouden we zeggen dat 'dé wet van dit universum' de primaire beslissing van de Vader, Zoon en Geest is, om de mensheid een plaats te geven in het leven van de Drie-eenheid. Dit eeuwige doel om de mens te adopteren en op te nemen in de cirkel van de Drie-eenheid, dateert van vóór het bestaan van alle dingen, en is de juiste invalshoek of logica om de schepping, de val van Adam, Israël, de komst van Jezus Christus, Zijn dood, opstanding en hemelvaart te begrijpen.

Alles wat de Drie-ene God doet - van de schepping tot de schreeuw van het ondraaglijke 'Nee!' tegen de val, van de roeping van Israël tot de dood, opstanding en hemelvaart van Jezus - vloeit voort uit en dient het ene eeuwige doel van de Vader, Zoon en Geest om de mensheid in de cirkel van de Drie-eenheid op te nemen. Er bestaat geen andere God en geen andere wil van God voor de mensheid. De eenheid die in Jezus tot stand kwam, de verhoging van de mensheid - in Hem - naar de rechterhand van God, is geen goddelijke gedachte achteraf; het is het eeuwige 'van-te-voren-Woord, het énige Woord van God. Paulus zegt het zo: 'De Vader heeft ons voor de grondlegging van de wereld voorbestemd tot adoptie door Jezus Christus' (Efeziërs 1:5). Deze wil om ons te adopteren, om ons op te nemen in de cirkel van het leven die de Vader, Zoon en Geest samen delen, was er al voordat alle dingen er waren en is de enige drijvende passie van alle goddelijke activiteit. En het is de ware logica waar vanuit we het universum met daarin het menselijk bestaan moeten interpreteren. Jezus Christus is, zoals Hij in Johannes 8:12 zegt: 'Het licht van de wereld.'

Het verduisterde evangelie

De westerse traditie, met haar hedendaagse evangelische theologie, verwoordde het beeld van God en Zijn relatie met de mens zodanig dat er niet veel van overbleef dan wettische concepten. Hierdoor verloren ze de betekenisvolle verbinding met de Drie-eenheid en het eeuwige doel van de Drie-ene God. De wettische kijk op heiligheid infiltreerde de leer over God en herschreef 'Gods logica' over Zijn relatie met de mensheid. De val van Adam, de roeping van Israël, de persoon en het werk van Jezus Christus, met in het bijzonder Zijn dood aan het kruis, werd door de gekleurde bril van een vreemde, wettische logica waargenomen. Wetmatige heiligheid, wet en gerechtigheid, schuld en straf werden de belangrijkste hermeneutische richtlijnen, waardoor zelfs God werd geïnterpreteerd - of geherinterpreteerd. Dit was een fundamentele fout en de hoofdzonde in het westerse christendom, waaruit allerlei rampen zijn voortgekomen. Het gevolg van deze grote blunder is een onuitsprekelijk perverse kijk op God, die nu in de geest van het westerse denken is gegrift. Deze verdorven visie over God voedt niet alleen onze diepgewortelde angst, maar veroorzaakt ook een holle religie, die ons uitput en ons verveelt met 'een kijk op het evangelie' die ons hopelozer maakt dan ooit.

Het evangelie dat doorgaans in de huidige evangelische kringen wordt gepredikt, begint met de verklaring dat God heilig is (heilig in de wettische zin). De mens is in zonde gevallen en staat schuldig tegenover God. Omdat God heilig is, kan Hij niet toestaan dat de zonde ongestraft blijft; gerechtigheid vereist immers straf. Maar omdat God ook liefdevol is, zendt Hij Jezus Christus om onze plaats in te nemen. Aan het kruis wordt de schuld van de mensheid op Jezus Christus gelegd en ondergaat Jezus de 'terechte' straf voor onze schuld. Jezus' schreeuw: 'Mijn God, Mijn God waarom hebt U mij verlaten?' wordt beschouwd als hét moment waarop de Vader, die te heilig is om kwaad aan te zien, Zijn Zoon volledig alleen liet en de rug toekeerde. De Vader liet Zijn Zoon in de steek. Dat alleen gelaten worden, die verlatenheid en de onvoorstelbare pijn daarvan, wordt dan - in dit wettische of evangelische model - gezien als de straf voor onze zonden die Gods gerechtigheid bevredigt.

De eerste ramp van deze interpretatie is dat het werk van Jezus Christus op zijn kop wordt gezet. In het nieuwe testament staat nergens dat God door het werk van Jezus verzoend werd; er staat dat God in Christus *de wereld* met Zichzelf verzoende (2 Korintiërs 5:18-19). Paulus benadrukt in Romeinen 5:6-10 dat God Zijn liefde aan ons bewees toen Christus voor ons gestorven is. En dat God - terwijl wij nog volkomen hulpeloos, slaven en zondaren waren, die zich onbewust tegen God hadden gekeerd - er alles aan deed om ons te redden. Maar in het wettische model is de volgorde omgedraaid, hier kwam Jezus niet om ons van onszelf en de catastrofe van Adam te redden, maar van God. God veranderen is het doel van Christus' werk geworden. Op de vraag 'Waarom stierf Jezus?' luidt het antwoord vanuit de wettische zienswijze: 'Hij stierf om God de Vader te veranderen.' Terwijl het wettische model ons achterlaat met een Jezus die komt om Gód te bekeren, zegt Drie-eenheidslogica dat de Vader Jezus heeft gestuurd zodat het gevallen menselijk bestaan (in Adam) zich tot Hem zal keren. Vanuit een wettisch gezichtspunt brengt de dood van Jezus Christus een fundamentele verandering in Gods houding ten opzichte van de mens en in Zijn relatie met ons. In deze wettische visie is het de Váder die door het kruis verandert en niet de gevallen mensheid.

Deze wettische zienswijze heeft de boodschap van het evangelie duidelijk beperkt en laat een kant van God zien waarbij Hij helemaal niet 'voor ons' is. En díe kant van Hem moet eerst veranderd, aangepast en omgevormd worden om genadig te kunnen zijn. Maar wanneer de Drie-eenheid de juiste plaats in ons denken inneemt, zien we duidelijk dat God altijd 'voor ons' is geweest en dat er niets aan Hem veranderd, aangepast en omgevormd hoeft te worden. Voor de grondlegging van de wereld hadden de Vader, de Zoon en de Geest ons al lief met een vastberaden liefde, en deden er alles aan om ons in de cirkel van Hun gezamenlijk leven te brengen. Dit doel staat nog steeds. Adams zonde heeft God en Zijn doel op geen enkele wijze veranderd. Maar de val vormde zeker een probleem. Want terwijl God vastbesloten was om de mensheid tot heerlijkheid te brengen, werd de mens door de val corrupt, vervreemd en fundamenteel van God verwijderd. Het probleem vanuit het Drie-eenheidsperspectief is daarom, dat er voor de mensheid een radicale omkeer tot God nodig is. Het ging nooit om straf. Die gedachte is nooit bij God opgekomen, en zelfs als dat wel zo zou zijn, zou er nog niet met het echte probleem van onze vervreemding afgerekend zijn, zodat Gods doel en dromen voor ons konden worden vervuld. Het is de passie van de Vader om Zijn kinderen terug te krijgen en te zegenen met alle schatten uit de hemel. Met dat doel voor ogen werd de Zoon naar ons bestaan gezonden om ónze vervreemding - niet die van God - ongedaan te maken, zodat ons gevallen menselijk bestaan zich tot God zou keren. Deze liefde van God is actie, deze pijnlijke incarnatie, het lijden om de mensheid tot God te keren, is de toorn van God. De toorn van God is Gods liefde, die Zich vurig en volledig tegen onze vernietiging verzet.

De tweede ramp van de wettische interpretatie is dat we met een God te maken krijgen, in wie twee tegenovergestelde delen aanwezig zijn. In plaats van God te zien als Vader, Zoon en Geest en te begrijpen dat de liefde, barmhartigheid en genade van God, evenals Zijn heiligheid, gerechtigheid en toorn allemaal uitingen van de fellowship van de Drie-eenheid zijn en van de vastberaden toewijding van de Drie-ene God aan ons, dwingt het wettische model ons om God als een gespleten persoonlijkheid te zien. De wettische boodschap drijft een wig tussen de liefde van God en de heiligheid van God. Aan de ene kant is er de liefde van God met Zijn barmhartigheid en genade. Aan de andere kant de heiligheid van God met Zijn gerechtigheid en toorn. Terwijl het ene deel van God ons liefheeft, kan die liefde ons 'niet' accepteren totdat Zijn andere deel - door een passend lijden - 'tevreden' is gesteld. Het is alsof God twee willen heeft die met elkaar vechten om de controle over Zijn relatie met de mensheid. Moeten wij geloven dat de Vader van binnen zo verdeeld is en zo'n gespleten persoonlijkheid heeft? Moeten we concluderen dat de liefdevolle kant van de Vader, de Zoon zond om de straf te ondergaan, omdat de heilige kant van de Vader dat nodig had om niet langer verdeeld maar doelgericht jegens ons te kunnen zijn? Moeten we geloven dat slechts één kant van God Jezus zond om ons te redden? Moeten we geloven dat Jezus Christus de gespleten persoonlijkheid van de Vader genas, zodat Hij niet meer tweeslachtig zou zijn in Zijn denken over ons? Heeft Jezus in feite de Váder héél gemaakt?

Jezus Christus is de openbaring van God, niet van een deel van God of van één kant van God, maar van Zijn wezen en karakter. Door Jezus kunnen we zien we dat de Vader ons nog nooit in de steek heeft gelaten of zoiets zelfs maar heeft overwogen. Jezus is het bewijs dat er niet valt te tornen aan de liefde van de Vader en dat Zijn eeuwige dromen voor ons blijvend zijn. De Zoon werd door de Vader gezonden om ons te vinden. Hij werd gezonden als een levende expressie van het vurige, liefdevolle hart van de Vader, waardoor het eeuwige Woord van God, om ons als Zijn geliefde kinderen aan te nemen, in werking trad. Hij werd eropuit gestuurd om naar ons op zoek te gaan om ons te laten ontdekken wie we zijn, ons te reinigen van alle vervreemding en om ons koste wat kost thuis te brengen. Want de Vader wil nu eenmaal niets anders. Wat het 'tevredenstellen' door de dood van Jezus Christus betreft, is het goed om te beseffen dat Zijn dood alleen bevredigend was vanwege de volkomen, doelgerichte toewijding van de Vader aan ons en Zijn volhardende vastberadenheid dat Zijn buitensporige plannen voor ons vervuld zouden worden, zelfs al kostte het het leven van Zijn eigen geliefde Zoon.

Wanneer de leer over God wettisch wordt, eindigen we met een verwrongen visie op de Vader, die er twee verschillende gedachten over ons op nahoudt. Terwijl Zijn ene kant van ons houdt, is Zijn andere kant volkomen onverschillig. Sterker nog, die andere kant zou een dergelijke liefde beslist niet tolereren en zeker niet toestaan ons te omhelzen en ons zomaar te accepteren. Dit zadelt ons op met een Jezus die komt om de straf te ondergaan, die de heiligheid van de Vader vereist, zodat Zijn liefdevolle handen eindelijk losgemaakt kunnen worden en Hij vrij zal zijn om ons te omhelzen.

Dit beeld, dat al afschuwelijk en destructief genoeg is, wordt nog duisterder wanneer er verkeerde ideeën over toorn aan worden toegevoegd. Als we dit scenario in het gedachtegoed van de beroemde preek 'Zondaars in de handen van een boze God' van Jonathan Edwards plaatsen, dan is het moment waarop Jezus Christus onze zonde op Zich neemt, niet alleen het moment waarop Hij voor gerechtigheid of de gevolgen van zonde lijdt, maar lijdt vanwege *woede*. De heilige God die naar het wettische model strikte gerechtigheid eist, wordt nu gezien als een boze beul die eist dat Zijn woede bekoeld wordt.

Edwards' idee van een door en door boze God verschuift het probleem van God kán ons niet accepteren, naar God wíl ons niet accepteren. Het is niet simpelweg een kwestie van heiligheid, die eerst voldoende straf eist, voordat vergeving kan worden toegestaan. Het gaat nu om een god die vuur blaast en spijkers spuugt en eist dat Zijn smeulende wraak geventileerd wordt en dat Zijn onbeschrijfelijk rechtvaardige woede wordt bevredigd.

> De boog van Gods toorn is gebogen en de pijl ligt klaar op de pees, en gerechtigheid richt de pijl op je hart en spant de boog. Dit is niets anders dan het loutere genoegen van God, en wel van een boze God. Er is geen enkele belofte of verplichting die de pijl ervan weerhoudt om dronken te worden van jouw bloed.[9]

Edwards' beeld van God wijkt heel sterk af van de God van Athanasius en de geloofsbelijdenis van Nicea. Let op het geestelijke contrast van hun visie op het karakter van God:

> Het was de goedheid van God onwaardig dat schepselen die door Hem waren gemaakt, vernietigd zouden

---

9 'Sinners in the Hands of an Angry God' uit het werk van Jonathan Edwards Edinburgh: Banner of Truth] Vol. 2, blz. 9.

worden door het bedrog dat de duivel de mens had aangedaan; en het was absoluut ondenkbaar dat Gods werk met de mensheid zou verdwijnen, noch door hun eigen nalatigheid, noch door het bedrog van boze geesten. Wat moest God, die louter goed is, dus doen nu de schepselen die Hij had geschapen hun ondergang tegemoet liepen? Moest Hij corruptie en dood hun gang met hen laten gaan? Welk nut had het in dat geval dat Hij ze eerst had gemaakt? Het zou dan beslist beter zijn geweest als ze nooit waren geschapen, dan om na de schepping te worden verwaarloosd en om te komen. Bovendien zou een dergelijke onverschilligheid, het feit dat God voor Zijn ogen Zijn eigen werk zou vernietigen, niet Gods goedheid maar een tekortkoming aantonen. Daarom was het onmogelijk dat God de mens door verdorvenheid ten onder zou laten gaan, omdat dit niet bij Hem past en onwaardig is aan wie Hij is.[10]

Voor Athanasius is het ondenkbaar dat God Zijn schepping de rug zou toekeren. Gods scheppingswerk vloeit voort uit de eindeloze liefde van de Vader, Zoon en Geest. Als God plotseling koud op de mensheid zou reageren, zou dat erop wijzen dat kilheid, onverschilligheid of neutraliteit bij de Drie-eenheidsrelatie hoort, anders zou Gods handelen plotseling in strijd zijn met de manier waarop de Vader, Zoon en Geest al in eeuwigheid hebben bestaan.

Bij Athanasius zien we dat dezelfde God op de val van Adam reageert - met dezelfde overvloeiende liefde en vastberadenheid om te zegenen - als de God die in de eerste plaats alles geschapen heeft. Gods passie voor de schepping werd het vuur dat de Zoon zond om te redden. Het zijn Gods dromen voor ons, die door Adams val werden bedreigd. Daarentegen benadert Edwards de val van Adam met kille gerechtigheid, zo ijzig koud dat hij harteloos en onbewogen is voor de vernietiging van de mensheid. Het kon de

---

10 'St.Athanasius on the Incarnation': 'The Treatise 'de Incarnatione Verbi Dei', vertaald en geredigeerd door een religieuze van C.S.M.V. (Londen: A.R Mowbray & Co.) § 6.

god uit Edwards preek niets schelen hoe het met zijn schepping zou gaan. In zijn onverschillige en grillige hart was helemaal geen drang om zijn schepping te verlossen. De hartstochtelijke liefde die Athanasius overal ziet, in het bijzonder in zijn reactie op de zondeval, ontbreekt vreemd genoeg bij Edwards. In plaats daarvan zien we louter woede.

De onbewogen verontwaardiging van Edwards god, geeft een duidelijk beeld van een wettische god. Het is een god die ons niet kan accepteren en dat niet eens wil overwegen. Totdat de pijl zijn doel heeft geraakt en dronken is van bloed, blijft de wraak en de vurige toorn van deze wettische god onverminderd bestaan. En totdat die toorn geventileerd en gesust is, kan deze god geen schuldige zondaars accepteren, of dat zelfs maar overwegen. Wettische rechtvaardigheid is één ding; goddelijke woede is iets heel anders. In dit scenario gaat Jezus Christus niet naar het kruis om de val van Adam ongedaan te maken en ons naar Zijn Vader te brengen, en zelfs niet om te lijden voor de gevolgen van onze zonde; Hij gaat naar het kruis om de woede, de heilige woede, van God de Vader te ondergaan.

Door het punt naar voren te brengen - zoals de straftheorie-aanhangers vaak doen - dat de Vader de Zoon uit liefde voor zondaars zond, wordt de vreselijke verdeeldheid in de persoonlijkheid van de Vader alleen maar bevestigd. Want strikt genomen is het volgens dit model niet de Vader die de Zoon zond, maar één kant van de Vader. De liefdevolle kant van de Vader zond de Zoon, terwijl de heilige kant van de Vader totaal geen interesse heeft in zo'n daad van barmhartigheid; de duistere kant van God is immers faliekant tegen zo'n gratis weggeef-daad.

Deze perverse gespletenheid van de Vader in dit model is niet eens het ergste. Het ergste is dat de wettische god de eenheid van de Drie-eenheid vernietigt. Hoe kunnen de ogen van Vader te heilig zijn om naar zonde te kijken, terwijl de Zoon niet alleen naar zonde keek, maar de zonde ook op zich nam en volgens Paulus zelfs zonde wérd (2 Korintiërs 5:21)? Hoe kan de Vader heiliger zijn dan de

Zoon? Hoe kunnen Ze twee tegengestelde gedachten over zonde hebben? Hoe kan de Drie-eenheid zo verdeeld zijn en hoe kunnen de Vader en de Zoon zo fundamenteel verschillend zijn? Hoe kan het bloed van de Vader koken van woede en vergelding, terwijl daar bij Jezus Christus geen spoor van te merken is.

De vraag waar het hier om gaat is, of Jezus Christus God is of niet. Is het waar dat wanneer we Jezus zien, we de Vader hebben gezien? Of is Jezus de openbaring van maar één kant van God? Is er in Christus óók een andere kant van God verborgen, een kant die Jezus helemaal niet openbaart, en die verandering komt brengen? Heeft Edwards, en ook veel van wat voor evangelische theologie door moet gaan, Jezus Christus hier, theologisch gezien, niet verraden? Heeft Hij in zijn visie op God niet gefaald om de godheid van Christus serieus te nemen? Wat is de oorsprong van deze onbewogen en verontwaardigde god? Is het Jezus? *Christus alleen* is net zo goed een statement voor de manier waarop christenen op God moeten vertrouwen, als de manier waarop onze rechtvaardiging tot stand is gekomen.

Door Jezus Christus leren we dat God Vader, Zoon en Geest is. We zien deze relatie - met haar heelheid, rechtvaardigheid, goedheid, eenheid, liefde en fellowship, en haar toorn - tot leven komen op de bladzijden van het nieuwe testament. Het is onze christelijke plicht en grote voorrecht om het boek in dit licht te herlezen en om alles in het universum - inclusief wat we over God menen te weten - te heroverwegen, terwijl we volledig trouw zijn aan de volle en definitieve openbaring die in Jezus Christus aan ons is gegeven. Alles wat minder is, is noch christelijk, noch evangelisch.

De erfenis van een wettische god

Praktisch gezien heeft de wettische benadering van God verwoesting in de ziel teweeggebracht. Allereerst toont het wettische model ons een evangelie dat niet bij machte is om zekerheid te bieden. Hoe kunnen mensen zelfs maar een greintje zekerheid ervaren wanneer God zo verdeeld is en op twee gedachten hinkt? Wat voor zekerheid we in ons hart ook mogen ervaren, wanneer we over de liefde van God in Jezus Christus horen, wordt deze onmiddellijk vergiftigd wanneer we vernemen dat die liefde slechts uit één kant van God komt. Zelfs als we Edwards beeld van de boze god, die zijn pijlen van toorn op ons afvuurt, niet aannemen, heeft de mensheid door dit wettische model nog steeds te maken met een god die een meervoudige persoonlijkheid heeft. De wettische versie van het evangelie leert ons dat er één kant van God is die ons helemaal niet mag en die kant maakt het niets uit of we ellendig, gebroken en een slaaf van de duisternis zijn, of dat we heel en compleet zijn en in vreugde leven. Zo'n gespletenheid in God geneest de dodelijke mix die in onze ziel suddert niet, maar wordt er juist door gevoed.

Het wettische evangelie, met een god die op twee gedachten hinkt, is niet in staat om de menselijke ziel vrede, echte hoop en blijvende zekerheid te schenken. Het is niet in staat om, zoals Jezus beloofde, onze ziel rust te geven. Het is één ding om door angst en bezorgdheid bevangen te worden, omdat we Gods hart voor ons niet kennen; maar wanneer het 'evangelie' ons laat weten dat Gods hart jegens ons verdeeld is, is dat andere koek en alle reden om bezorgd te zijn. In plaats van opluchting maakt een dergelijke boodschap de mensheid banger en onzekerder dan ooit, met als gevolg dat de kerk zich voor de Vader verbergt achter het bloed van Jezus. De erfenis van de wettische god is geen leven vol zekerheid met haar vreugde en vrijheid; het is een leven vol angst en bezorgdheid, met het onuitgesproken gebed dat de andere kant van God zich stil zal houden.

Is het een wonder dat de vreugde van de kerk tegenwoordig zo oppervlakkig is en zo veel lijkt op de 'vreugde' van een ongelovige? Lijden we niet allemaal aan een misvormde visie op God? Zekerheid is geen bijkomstige luxe; het is het hart en de ziel van het christelijke leven. Zonder zekerheid zullen we nooit ervaren dat we vrij zijn van onze diepgewortelde zelfgerichtheid en zullen we geen vrijheid ervaren om naar buiten te treden en ons aan anderen te geven. Zonder zekerheid zullen we nooit de vrijheid ervaren om te kennen en gekend te worden en nooit echte fellowship kennen. En zonder fellowship zullen we nooit de onuitsprekelijke vreugde van onze adoptie in Jezus Christus ervaren. Wat voor christelijk leven blijft er dan over voor ons? Zolang de wettische visie van God in het gedachtegoed van de kerk gegrift blijft, is de kerk gedoemd om in dezelfde gebondenheid als de ongelovige te leven. Wat het wetticisme brengt is hetzelfde als duisternis: angst, bezorgdheid, vrees en onzekerheid. Wanneer God zo'n gespleten persoonlijkheid heeft, worden we niet vervuld met zekerheid. Zonder die vervulling vindt onze diepgewortelde angst en onze egocentrische zelfgerichtheid geen verlichting.

Het meest ironische is, dat de wettische god ons in feite van Jezus Christus wegjaagt, tenminste één kant van ons. Hoewel de vurige toorn van de wettische god (misschien) door Jezus tevreden is gesteld, worden we nog steeds corrupt, ziek en nog steeds beheerst door angst en bezorgdheid. Volgens het wettische model heeft Jezus God succesvol veranderd, maar niets gedaan aan de gebrokenheid van de mens. Wat erger is, is dat we voor het vinden van genezing aan ons lot worden overgelaten. Want Jezus heeft niet met onze vervreemding afgerekend, tenminste niet binnen dit wettische plaatje. Hoe kunnen we dan echte genezing ontvangen? Waar moeten we naar toe als we ons willen overgeven? De ironie van de wettische versie van het evangelie is dat het ons - ondanks de focus op Jezus Christus - uiteindelijk van Christus afdrijft, zodat we 'óns heil' ergens anders gaan zoeken. Geloof in Jezus Christus zorgt er misschien wel voor dat God zich met ons verzoend, maar laat ons zitten met onze 'ziekte'. En dus gaan we onvermijdelijk buiten Jezus Christus om, op zoek naar verlossing, naar iets wat Hij niet kon en deed, maar wat voor ons werkt.

We houden beslist van Jezus, maar we zijn verscheurd, want een deel van ons weet uit ervaring dat déze Jezus niet bepaald hulpvaardig is in de echte wereld van huwelijk, gezin, relaties, werk, ontspanning, sociale voorzieningen en alles wat ons leven betreft. Dus terwijl we één hand in aanbidding naar Jezus opheffen, tasten we met de andere zoekend rond naar iets buiten Hem, naar iets wat onze ziel kan genezen en wat genezing kan brengen in ons werkelijke leven - met onze saaie huwelijken, gezinsproblemen, depressies en geesteszieke. Door dit zoeken zullen zelfhulpinstanties - en coaches, de tweede-zegen-deskundigen plus heel wat predikers en kerken niet zonder werk komen te zitten.

Door het wettische model richten we één oog op Jezus, terwijl we met het andere de horizon afspeuren, op zoek naar iets wat verlichting belooft: een nieuw religieus programma, een nieuwe techniek om de Geest te stimuleren ons te zegenen of een nieuwe formule voor een succesvol christelijk leven. Door al deze dingen rennen we rond in een tredmolen, totdat we uiteindelijk totaal uitgeput instorten. In plaats van ons te vullen met grenzeloze hoop en onze ziel te bevrijden van angst, zodat onze relaties geheeld, echt en mooi kunnen worden, zorgt het wettische evangelie ervoor dat we ons op onszelf richten. Dit dwingt ons tot onderdrukking, verstoppen en zelfbescherming, zodat onze innerlijke problemen nooit behandeld en genezen worden. De onthutsende waarheid over wie we zijn in Jezus Christus is geketend en kan niet loskomen om zich te uiten in zichzelf gevende-liefde, fellowship en de onnoemelijke vreugde van onze adoptie in Christus. Wat voor christelijk leven blijft er dan nog over? Waarom zou de wereld om ons heen nog geïnteresseerd zijn in wat we te zeggen hebben?

Omdat het wettische evangelie ons niet tegemoetkomt in ons echte leven en de dingen waar we als mens het meest om geven, heeft de westerse wereld genoeg gekregen van het christendom, zo genoeg dat het bijna onmogelijk voor ons is om nog echt aandacht aan Jezus te besteden. De erfenis van de wettische god is angst en bezorgdheid en dat betekent egocentrische zelfgerichtheid. En dat betekent gebroken huwelijken en mislukte relaties; het betekent dat de identiteit van sportcoaches wordt bepaald door de prestaties van hun spelers; het betekent dat ouders hun kinderen geen speelruimte geven en dat kinderen denken dat hun ouders het leven niet begrijpen. Door egocentrische zelfgerichtheid wordt ons leven een lange en verwoede poging om onszelf te redden en om gevierde levens te creëren, die op zijn minst naar heelheid verwijzen. Dit alles brengt een cultuur teweeg die lijkt op een verstoorde mierenhoop, een cultuur die ons uiteindelijk doodmoe, leeg en verdrietig maakt, waardoor we ons naar de dichtstbijzijnde kroeg begeven. Ondertussen is er een complete glorieuze dag - vol duizelingwekkende schoonheid en onweerstaanbare vreugde - voor ons gecreëerd door de overvloedige menslievendheid van de Drie-ene God.

De waarheid opnieuw

Het leven dat God als Vader, Zoon en Geest leidt, is niet saai, verdrietig of eenzaam. Er is geen leegte in deze cirkel, geen depressie, vrees, angst of bezorgdheid. Het leven van de Drie-eenheid is een leven van onbeperkte fellowship en intimiteit, aangewakkerd door hartstochtelijke zichzelf gevende-liefde en wederzijdse vreugde. Een dergelijke liefde brengt enorme saamhorigheid en fellowship teweeg en vloeit over van grenzeloze vreugde, oneindige creativiteit en onvoorstelbare goedheid. Het evangelie begint met deze God en dit goddelijk leven, want er is geen andere God. Vóór het begin van de tijd en voordat het heelal tot aanschijn was geroepen, voordat de hemel zich uitstrekte en met een zee aan sterren werd gevuld, voordat de aarde door Zijn Woord was ontstaan en met mensen, leven en eindeloze schoonheid werd gevuld, voordat er ook maar iets was, waren de Vader, Zoon en Geest en de grote dans van het leven van de Drie-eenheid er al. De verbazingwekkende waarheid is, dat deze Drie-ene God in verbluffende en uitbundige liefde, vastbesloten was de cirkel te openen om het Drie-eenheidsleven te delen met anderen. Dit is de enige, eeuwige en blijvende reden voor het bestaan van het universum met daarin het menselijk leven. Er is geen andere God, geen andere wil van God, geen tweede plan en geen verborgen agenda voor de mens. Vanaf het begin is God Vader, Zoon en Geest en vanaf het begin heeft God besloten om niet zonder ons te bestaan.

Ondanks Adams val met de enorme ramp voor Gods schepping als gevolg, bleef de enige wil van de Drie-ene God van kracht. De catastrofe van Adam stuitte op dezelfde hartstochtelijke en vastberaden liefde, die in het begin de schepping creëerde, en daarom was er ook het ondraaglijk goddelijk 'Nee!' De Vader, Zoon de Geest waren hartstochtelijk en volkomen gekant tegen onze vernietiging en begonnen onmiddellijk aan het verzoeningswerk. Terwijl Adam nog maar een gedachte bij God was, was Jezus Christus in feite al onderweg naar de incarnatie. Want eenheid tussen God en de mensheid was *alleen* mogelijk door de onvoorstelbare nederigheid aan de kant van God door naar ons af te dalen. Vóór de schepping was onze adoptie - en de vervulling ervan door Jezus Christus - omhoog gehesen als de grootste banier van de hemel.

Het was dus niet de val van Adam die Gods agenda bepaalde, maar de beslissing om ons - door Jezus - deel te laten nemen aan de grote dans. Zeker, Adams val was een bedreiging voor Gods dromen voor ons, maar daar was van tevoren rekening mee gehouden en het was door de voorbestemde incarnatie strategisch al overwonnen. Jezus Christus werd geen mens om het probleem van de val op te lossen; Hij werd mens om het eeuwige doel van onze adoptie te verwezenlijken, en om dát te volbrengen moest de invloed van de val beëindigd en ongedaan gemaakt worden. De catastrofe van Adam creëerde niet de noodzaak voor de incarnatie en dus voor onze adoptie, maar baande wel de weg: een weg van pijn, lijden en dood. Jezus is geen voetnoot bij Adam en zijn val; de val en de schepping zélf zijn geen voetnoot bij het doel van God in Jezus Christus.

Niettegenstaande Adams val, werden Abraham en Israël geroepen, zodat Gods enige wil zich in de verloren wereld van Adam kon blijven ontvouwen en de baarmoeder voor de incarnatie kon worden voorbereid. In de volheid van de tijd zond de Vader

Zijn Zoon in de gevallen menselijke wereld. Geboren te midden van Adams duisternis en Israëls vurige conflict met God, stapte Hij de menselijke geschiedenis binnen, waar Hij dus te maken kreeg met de gewelddadige tegenstelling tussen de gevallen mens en de Drie-ene God. Ondanks dat Hij 'een mens als Adam' was geworden, weigerde Hij om volgens Adams mythe en aannames te leven. Standvastig bleef Hij de geliefde Zoon van de Vader, die Hij vastberaden met heel Zijn hart, ziel, verstand en kracht liefhad, en met wie Hij alles deelde in gemeenschap met de Geest. Hij droeg de tegenstrijdigheid in Zich en loste die op door 33 jaar van vuur, beproeving en lijden, waarbij Hij niet de weg van Adam bewandelde, maar als echte Zoon leefde. Hij drong het hart van de menselijke vervreemding en afstandelijkheid binnen en ervaarde die ten volle. Dit deed Hij echter als Degene die de Vader kent en liefheeft. Zo verloochende Hij Zijn menselijk 'vlees' en kruisigde het op Golgotha, waardoor Hij in Zichzelf de verschrikkelijke breuk tussen God en de verloren mensheid herstelde. Na het kruis zien we een mens uit de verloren wereld van Adam, die aan de rechterhand van de Vader zit, met Wie Hij echte en blijvende fellowship heeft. Jezus heeft niet alleen de val van Adam overwonnen, maar het menselijk bestaan verheven tot in de cirkel van het leven van de Drie-eenheid en het eeuwige doel van de Drie-ene God voor ons vervuld.

Waar het in het evangelie in wezen om draait, is Jezus Christus Zelf. Het gaat om Zijn menselijkheid, Zijn relatie met de Vader en de Geest tijdens Zijn menszijn en de mysterieuze manier waarop Hij ons in Hun relatie opnam. Want de grote verandering van Zijn relatie als mens met Zijn Vader - die door 33 jaar van vuur en beproeving en uiteindelijk op beslissende wijze werd volbracht in Zijn dood en opstanding - was een plaatsvervangende gebeurtenis. De wonderbaarlijke en prachtige waarheid is, dat wij aanwezig waren in Zijn doop, leven, dood, opstanding en hemelvaart. Toen Hij stierf, stierven wij. Toen Hij opstond, stonden wij op. Toen Hij naar de Vader ging, nam Hij de hele mensheid met zich mee naar de rechterhand van God, de almachtige Vader. Hij bracht ons de cirkel boven alle cirkels binnen, in het leven van de Drie-ene God. Dit is het tenslotte - en dit alleen - waar de Vader uitermate enthousiast over is, omdat onze verhoging en adoptie in Jezus Christus de vervulling is van het oorspronkelijke besluit dat al voor de schepping was gemaakt.

Toen de vleesgeworden Zoon 'thuiskwam' met de hele mensheid in Zijn armen, kwam in de wereld de Geest van adoptie vrij, met als enige missie om ons te leiden zodat wij de waarheid zouden kénnen. De Geest is gezonden om van Christus te getuigen en om samen met onze geest te getuigen dat wij - door Jezus - kinderen van God zijn. En dat getuigenis moedigt ons aan de waarheid te geloven, waardoor we vrijheid zullen ervaren. De Geest getuigt van het feit dat Jezus Christus de geliefde Zoon van de Vader is, die aan Zijn rechterhand zit. En Hij getuigt dat Jezus Christus de Heer en Redder van de mensheid is, die het universum naar ons heeft afgezocht, ons vond en thuisbracht. Terwijl de Geest ons leidt om de waarheid (niet alleen met ons hoofd) te kennen als een of ander theologische onbenulligheid, maar met ons hart als de grootste zekerheid ter wereld - dompelt Hij ons onder in zekerheid. Want wanneer we beseffen dat we met Christus aan de rechterhand van de Vader zitten en dat we door Hem geliefd, gekoesterd, omarmd en vol vreugde geaccepteerd zijn, geeft dat ongekende opluchting, hoop en vrede, en het meest kostbare van alles is dat het ons vervult met een diepe zekerheid. Vervolgens bindt deze zekerheid de strijd aan met onze diepgewortelde angst en bezorgdheid om ons te bevrijden van het stiefkind in ons: onze egocentrische zelfzuchtigheid. Het maakt ons vrij om naar buiten te treden, anderen op te merken en voor hen te zorgen, om te kennen en gekend te worden, om lief te hebben en dus vrij om echt contact en fellowship te ervaren. Door die fellowship komt het leven van de Drie-ene God, de grote dans van het leven dat de Vader, Zoon en Geest delen in ons leven vrij.

Het moet benadrukt worden dat Jezus Christus God de Vader niet heeft veranderd en ons geloof kan dat ook niet. Voor de schepping van de wereld hebben de Vader, Zoon en Geest hun overvloedige, vastberaden liefde op ons gericht en daar zijn Ze nooit van afgeweken. Vanuit die eeuwige liefde werd Jezus naar onze wereld gezonden, om ons bij de kraag te grijpen, te reinigen van alle vervreemding en ons naar Zijn Vader te brengen. Zodra Christus alles had volbracht, werd vanuit dezelfde eeuwige liefde de Geest over ons uitgestort om ons de weg te wijzen naar de waarheid. Door de waarheid over God en de mensheid in Jezus Christus kunnen we vrijheid en leven ervaren. Ons geloof verandert Gód niet in het minst. Geloof gaat er in de eerste plaats om dat we het hart van de Vader, Zoon en Geest gaan zien, en dat we ontdekken wat de verbazingwekkende dromen zijn van de Drie-ene God om ons te zegenen, plus het feit dat die dromen nu door Christus Jezus voor eeuwig waarheid geworden zijn. Het kan niet anders dan dat deze ontdekking ons de adem beneemt en ons hart vult met hoop, vrede en zekerheid. Wanneer het getuigenis van de Geest wordt geloofd, brengt dat in ons leven de vrucht van de Geest voort, waarbij levend water uit ons binnenste naar onze relaties, ons werk en onze ontspanning zal stromen. Geloof verandert Gód niet; het verandert óns. Het verlost óns van onze mythe met haar geestelijke pijn en van de manier waarop ons leven daardoor vergiftigd is. Zonder geloof in Jezus Christus wordt onze ziel - en dus onze relaties, ons werk en onze ontspanning - door angst en bezorgdheid geplaagd. De enige remedie in het universum is, dat we Jezus Christus, met ons naast Zich, aan de rechterhand van de Vader zien zitten. De ontdekking van deze waarheid vraagt om geloof, omdat het ons iets geeft om in te geloven, iets wat zo reëel, zo solide en waar is, dat onze innerlijke bezorgdheid door dat geloof wordt vervangen en wordt omgeven door zekerheid: de meest bevrijdende kracht op aarde.

HOOFDSTUK 3

Een kanttekening bij 'Mijn God, Mijn God, waarom hebt U Mij verlaten?

In het begin van Psalm 22 staat de meest angstaanjagende schreeuw uit de Bijbel: 'Mijn |God, mijn God, waarom hebt U Mij verlaten?' Zowel Matteüs als Marcus vertellen dat Jezus dit uitriep toen Hij gekruisigd werd. Het is voor ons - doordrenkt als we zijn met westerse, fundamentele denkkaders met zijn wettische oriëntatie - heel natuurlijk, dat we deze schreeuw van Jezus zien als een heftige reactie op Zijn lijden. Met de duistere kant van de Vader in ons achterhoofd veronderstellen we niet alleen, dat de Zoon onze zonde op Zich neemt, maar ook dat de Vader de woede van Zijn eeuwige toorn op Zijn eigen Zoon loslaat. En in dat afschuwelijke, onuitsprekelijke moment roept Jezus uit: 'Mijn God, Mijn God, waarom hebt U Mij verlaten?'

Hoe komt het dat we zoveel aandacht schenken aan déze woorden van Jezus aan het kruis? Waarom wordt juist hierop zoveel nadruk gelegd, terwijl Hij toen ook andere dingen heeft gezegd? Waarom focussen we ons niet op: 'Het is volbracht' of op: 'Vader in Uw handen beveel Ik Mijn geest'? Is het overdreven om te zeggen dat er meer inkt is verspild aan: 'Mijn God, Mijn God waarom hebt U Mij verlaten?' dan aan alle andere kruiswoorden van Jezus bij elkaar? Dit zou geen verrassing moeten zijn, want dit komt ervan wanneer we het zinvolle contact met de Drie-eenheid en het eeuwige doel van de Drie-ene God voor ons uit het oog verliezen. Dan is er alleen nog maar een wettische God met heilige woede en de enige hoop van het kruis is dan dat Jezus in onze plaats Gods wraak onderging. Zo'n vers spreekt dan uiteraard boekdelen.

De vraag is, of dit de juiste interpretatie van dit vers is. We kunnen dit beter lezen met de Drie-ene God in gedachten, in plaats van met de wettische god vol heilige woede in ons achterhoofd.

Deze schreeuw van Jezus is een letterlijk citaat uit Psalm 22. Als we de Psalm in zijn geheel lezen, zien we dat de boodschap helemaal niet in wanhoop eindigt, maar in overwinning. Het eindigt met de opmerkelijke profetie.

> Overal, tot aan de einden der aarde, zal men de Heer gedenken en zich tot Hem wenden. Voor U zullen zich buigen alle stammen en volken. [...]

> Een nieuw geslacht zal Hem dienen en aan de kinderen vertellen van de Heer; aan het volk dat nog geboren moet worden zal het van Zijn gerechtigheid verhalen: Hij een God van daden (vers 28 en 32 - NBV).

Tussen die eerste schreeuw en deze profetie zien we een heel scala aan menselijke emoties. De eerste twee verzen laten een diepe wanhoop zien: 'Mijn God, mijn God, waarom hebt U mij verlaten? [...] 'Mijn God!' roep ik overdag, en U antwoordt niet.' De angst van de psalmist wordt nog vergroot omdat op zijn roep naar God met doodse stilte wordt geantwoord. Maar in zijn wanhoop grijpt hij terug naar het geloof van zijn voorouders. Hij keert terug naar de oude verhalen over Gods trouw: 'Op U hebben onze voorouders vertrouwd; zij hebben vertrouwd en U verloste hen, tot U geroepen en zij ontkwamen, op U vertrouwd en zij werden niet beschaamd (vers 5-6).

Maar dan verandert zijn toon en wordt het duisterder: 'Maar ik ben een worm en geen mens, door iedereen versmaad, bij het volk veracht' (vers 7). Terwijl hij zich sterk bewust is van Gods trouw aan geloofshelden, denkt hij bij zichzelf: Maar ik? Ik ben geen held, ik ben niet eens een goed mens. Zelfs mensen verachten mij en bespotten mijn vertrouwen op God. 'Ga je gang,' zeggen ze, 'vertrouw jezelf maar toe aan de Heer en kijk wat er gebeurt. Laat de Heer *jou* maar verlossen.'

Wie kan voor God verschijnen en eisen dat God hem trouw moet zijn, omdat hijzelf trouw is aan Hem? Zodra Gods trouw aan ons van óns afhangt, maakt dat ons alleen maar heel erg wanhopig. Opnieuw zien we daarna een abrupte wending. De psalmist keert zich af van zichzelf en de spot van het volk, en richt zich tot God: 'U hebt mij uit de buik van mijn moeder gehaald, mij aan haar borsten toevertrouwd, bij mijn geboorte vingen Uw handen mij op, van de moederschoot af bent U mijn God' (vers 10-11). Daarna roept de psalmist tot God om verlossing.

> Blijf niet ver van mij, want de nood is nabij en er is niemand die helpt. Een troep stieren staat om mij heen, buffels van Basan omsingelen mij, roofzuchtige, brullende leeuwen sperren hun muil naar mij open. Als water ben ik uitgegoten, mijn gebeente valt uiteen, mijn hart is als was, het smelt in mijn lijf. Mijn kracht is droog als een potscherf, en mijn tong kleeft aan mijn gehemelte, U legt mij neer in het stof van de dood. Honden staan om mij heen, een woeste bende sluit mij in, zij hebben mijn handen en mijn voeten doorboord. Ik kan al mijn beenderen tellen. Zij kijken vol leedvermaak toe, verdelen mijn kleren onder elkaar, en werpen het lot om mijn mantel.
>
> Heer, houdt U niet ver van mij, mijn sterke, snel mij te hulp. Bevrijd mijn ziel van het zwaard, mijn leven uit de greep van die honden. Red mij uit de muil van de leeuw, bescherm mij tegen de horens van de wilde stier. U geeft mij antwoord (vers 12-22).

Het trauma van de psalmist is overweldigend. De honden, de wilde beesten, de brullende leeuwen hebben hem omsingeld en staan klaar om hun prooi te bespringen en te doden. Zijn binnenste wordt verscheurd door angst. Hij voelt zich totaal moedeloos en heeft geen sprankje hoop meer. Hij roept het uit naar God om hem te verlossen.

Dan zien we opnieuw een wending in de Psalm. De wanhoop is voorbij, het lofprijzen begint en de hele beproeving komt tot een zegevierend eind, zodanig dat wanneer komende generaties op deze gebeurtenis terug zullen kijken, ze zullen zien dat de Heer redding heeft gebracht.

> Ik zal Uw naam bekendmaken, U loven in de kring van mijn volk. Loof Hem, allen die de Heer vrezen, breng Hem eer, kinderen van Jakob, wees beducht voor Hem, volk van Israël. Hij veracht de zwakke niet, verafschuwt niet wie wordt vernederd, Hij wendt Zijn blik niet van hem af, maar hoort zijn hulpgeroep (vers 23-25).

> Van u komt mijn lofzang in de kring van het volk. [...] Overal, tot aan de einden der aarde, zal men de Heer gedenken en zich tot Hem wenden. Voor U zullen zich buigen alle stammen en volken. Want het koningschap is aan de Heer, Hij heerst over de volken. [...] Een nieuw geslacht zal Hem dienen en aan de kinderen vertellen van de Heer; aan het volk dat nog geboren moet worden zal het van Zijn gerechtigheid verhalen: Hij een God van daden (vers 26, 28-32).

Psalm 22 gaat van doodsangst over op Gods overwinnende tussenkomst en vervolgens naar een profetie, die vertelt dat de komende generaties op dit moment zullen terugkijken als hét moment waarop de Heer der Heerscharen redding bracht.

Waarom citeerde Jezus het eerste vers van deze Psalm? In die tijd was het horen van het eerste vers van een Psalm als het horen van de openings-tune van een favoriet liedje. Zodra je die intro van het lied hoort, herken je het hele lied. Ik vermoed dat toen Jezus de eerste regel van Psalm 22 aanhaalde, de omstanders zich de hele Psalm herinnerden, want die kenden ze allemaal uit hun hoofd. Door dit te doen legde Hij de gebeurtenis van Zijn lijden en dood aan hen uit. Hij vertelde hun wat er gebeurde.

Aan het kruis identificeerde Jezus zich beslist met het lijden van de psalmist, maar Hij identificeerde zich ook met de hele Psalm. Wat gebeurde er aan het kruis? En wat betekent deze gebeurtenis? Op al deze vragen geeft Jezus antwoord. Hij zegt: 'Hier staat het ... wat er nu gebeurt is precies wat er in Psalm 22 wordt beschreven. Het lijkt of alles verloren is en dat de honden winnen. Het lijkt erop dat God Mij verlaten heeft en dat Hij Me in de afgrond volkomen aan mijn lot heeft overgelaten. Maar dat is niet het geval. Want er staat: 'Hij *veracht* de *zwakke niet, verafschuwt niet* wie wordt vernederd, *Hij wendt Zijn blik niet van hem af*' (vers 25). De waarheid is in feite precies het tegenovergestelde, en de hele wereld zal weten dat de Heer redt.

Het ironische is dat er door Jezus' schreeuw: 'Mijn God, Mijn God, waarom hebt U Mij verlaten?' gedachten in gang worden gezet, die wat er aan het kruis gebeurde volledig herinterpreteert. In plaats van dat het kruis een pervers moment is van een boze god, die zijn toorn over zijn Zoon uitstort en Hem volledig verwerpt, zien we dat de Vader Zijn Zoon op dat moment absoluut niet wil verlaten. Op dit belangrijke moment keert Hij Zijn gezicht níet af en keert Hij Zijn Zoon níet vol walging de rug toe. Volgens de interpretatie van de gebeurtenis uit deze Psalm heeft de Vader de Zoon helemaal niet verlaten. In feite laat de Psalm ons zien dat de komende generaties deze gebeurtenis niet als een goddelijke verwerping zullen zien, maar juist als goddelijke aanwezigheid, redding en verlossing.

Is het toevallig dat de Geest de dingen zo heeft geleid, dat Psalm 22 wordt gevolgd door die geweldige goede-herder-Psalm. Kijk wat we zien we als we van Psalm 22 doorlezen naar Psalm 23:

> De Heer is mijn herder, het ontbreekt mij aan niets. Hij laat mij rusten in groene weiden en voert mij naar vredig water Hij geeft mij nieuwe kracht en leidt mij langs veilige paden tot eer van Zijn naam. Al gaat mijn weg door een donker dal, ik vrees geen gevaar, want U bent bij mij, Uw stok en Uw staf, zij geven mij moed. U nodigt mij aan tafel voor het oog van mijn vijand, U zalft mijn hoofd met olie, min beker vloeit over. Geluk en genade volgen mij alle dagen van mijn leven, ik keer terug in het huis van de Heer tot in lengte van dagen.

In plaats van dat God Zijn toorn op de Zoon afreageert, is het kruis, midden in de grootste duisternis, het meest triomfantelijke moment in de relatie van de Vader en de Zoon. Aan het kruis drong Jezus door tot in de kern van Adams (en onze) vervreemding, waar alles schreeuwt dat God ons heeft verworpen en ons in onze ellende alleen liet. Maar het was juist hier, juist in de ervaring van die vervreemding en terreur, dat de fellowship van de Vader, Zoon en Geest standhield. 'Ook al gaat mijn weg door een donker dal (een pad *in de schaduw van de dood*), ik vrees geen gevaar (en geen kwaad), *want U bent bij mij.*'

Als we na Psalm 23 verder lezen, zien we dat in Psalm 24 een magnifieke kreet wordt geslaakt.

> Hef, o poorten, uw hoofden omhoog, verhef u, aloude ingangen: de Koning vol majesteit wil binnengaan (Psalm 24:7).

Als we deze drie Psalmen achterelkaar lezen, zien we niet alleen Jezus' lijden aan het kruis, maar ook Zijn opstanding en hemelvaart. We ontdekken dat de relatie tussen de Vader, Zoon en Geest niet uit elkaar werd gescheurd, maar ten tijde van de diepste menselijke wanhoop juist versterkt werd. Jezus werd niet verlaten door de Vader. Zelfs toen Hij door het duistere dal van de dood liep, verliet de Vader Hem niet, maar *redde* Hem. Nadat ze uit het dal komen, waren de Vader en de Zoon nog steeds samen en volgt er een visioen over de poorten van de hemel, die zich vol triomf openen om de thuiskomst van Vaders Zoon te vieren. Hef, o poorten uw hoofden omhoog, want de Zoon van de Vader komt thuis en Hij heeft de hele mensheid bij Zich.

> Een nieuw geslacht zal Hem dienen en aan de kinderen vertellen van de Heer; aan het volk dat nog geboren moet worden zal het van Zijn gerechtigheid verhalen: Hij een God van daden.

HOOFDSTUK 4

Een Goede-Vrijdagpreek over de dood van onze gezegende Heer Jezus Christus Hebreeën 1:1-3

De vraag die we nu nog willen stellen, is de vraag *Waarom?* Waarom stierf Jezus Christus? Waarom was dat nodig en waarom moest het gebeuren? Deze vragen roepen ook weer andere op. Wat gebeurde er in Jezus' dood? Hoe moeten we het lijden van Jezus interpreteren? En hoe kunnen we begrijpen wat er in dit donkerste uur uit de geschiedenis van de kosmos gebeurde?

Iets in mij zegt dat het beter is om hier niet verder op in te gaan. Over zo'n ingrijpende gebeurtenis als de dood van Jezus Christus kunnen we beter onze mond houden en er het zwijgen toe doen. Want wie zijn wij dat we hier iets over kunnen zeggen? Maar aan de andere kant kunnen we toch niet zwijgen, als we door onwetendheid over zo'n glorieuze waarheid gebonden blijven? Hoe kunnen we onze mond houden als er zoveel misvattingen over de dood van onze Heer zijn, die zo'n enorme menselijke puinhoop achterlaten? Het is zoals de kerkvader Hilarius zei: 'We kunnen niet anders dan dealen met ongeoorloofde zaken. We moeten gevaarlijke hoogten beklimmen, onuitsprekelijke woorden spreken, verboden terrein betreden en ondanks onze beperkte taal moeten we moeite doen om gedachten onder woorden te brengen, die te groot voor woorden zijn.'[11] En dus bidden we met Hilarius voor 'de juiste taal en argumentatie, met een stijl vol genade die waarheidsgetrouw is.'[12]

De vragen 'Waarom stierf Jezus Christus' en 'Wat gebeurde er in Zijn dood?' kunnen met drie woorden - en waar deze voor staan - worden beantwoord.

Het eerste woord is DRIE-EENHEID. Als we willen begrijpen

---

11 Hilary, De Trinitate, II.2.
12 Hilary, De Trinitate, I.37.

waarom Jezus Christus stierf, moeten we helemaal teruggaan naar het begin, zelfs naar vóór het begin. We moeten zelfs teruggaan naar de tijd vóór de schepping: naar de Schepper! Hij is tenslotte Degene die het universum heeft voortgebracht. Want ons beeld van Gód en de manier waarop we Zijn wezen, karakter en hart begrijpen, bepaalt hoe we de vragen 'Waarom Jezus stierf en wat er bij Zijn dood gebeurde?' beantwoorden.

Terwijl de vroege kerk aan de ene kant gedwongen strijd voerde met degenen die de goddelijkheid van onze gezegende Heer Jezus Christus verloochenden, en aan de ander kant met degenen die zeiden dat er één God is, die solistisch handelt en louter van gezicht verandert, hamerde de kerk op de christelijke visie van God als heilige Drie-eenheid, en nam daarin haar standpunt in. De vroege kerk ontdekte dat de relatie tussen de Vader, Zoon en Geest, die in het nieuwe testament wordt beschreven, niet zomaar een vorm was die God voor een tijdje aannam, maar dé eeuwige waarheid over God. God ís Vader, Zoon en Geest. En dat is Hij altijd geweest en zal Hij altijd zijn.

Wanneer we de geloofsbelijdenis van Nicea belijden en bevestigen dat Jezus Christus de *eeuwige* Zoon van God is, zeggen we - samen met Athanasius en de hele kerk - dat er nooit een tijd is geweest waarin God alleen was, waar de Vader geen Vader was en de Zoon en de Geest niet aanwezig waren. Er is nooit een tijd geweest waarin er gewoon een of andere God was, een abstract almachtig wezen, een grote, naamloze onbewogen figuur die dingen in gang heeft gezet of één of ander gezichtsloze kracht ergens daarboven. Voor eeuwig is God Vader, Zoon en Geest en dit betekent dat God fundamenteel een relationeel wezen is. Het betekent dat fellowship, saamhorigheid, kameraadschap en verbondenheid altijd al centraal stonden bij God en centraal zullen blijven staan. Het is van cruciaal belang om dit te zien. En het is even cruciaal om te zien dat het leven dat de Vader, Zoon en Geest samen delen niet saai, verdrietig of eenzaam is. In Hun cirkel is geen leegheid, depressie, angst of bezorgdheid. Het Drie-eenheidsleven is een leven van onbeperkte fellowship en intimiteit, dat wordt aangewakkerd door gepassioneerde Zichzelf gevende-liefde en wederzijdse vreugde. Zo'n gepassioneerde liefde, laat fellowship en samenzijn vrij stromen en vloeit over van onbegrensde vreugde, oneindige creativiteit en onvoorstelbare goedheid.

Als we willen begrijpen waarom Jezus Christus stierf, moeten we beginnen bij wie God is en dus moeten we beginnen bij de heilige Drie-eenheid, en bij de overvloedige, glorieuze, rijke en overvloeiende fellowship van de Vader, Zoon en Geest. Want déze *Drie-ene God* is de Schepper en dit goddelijk leven van saamhorigheid en verbondenheid is de baarmoeder van de schepping, en deze goddelijke fellowship van onbegrensde vreugde is de reden waarom de mensheid en elk individu bestaat. Er is geen andere God.

Het tweede woord als antwoord op de vraag waarom Jezus Christus stierf en wat er in Zijn dood gebeurde, is het woord HEMELVAART. Op dit moment zit een méns aan de rechterhand van God de almachtige Vader. Op dit moment leeft, woont en verblijft een méns binnen de goddelijke cirkel, binnen alles wat het betekent om God te zijn en binnen het leven en de fellowship van de Vader, Zoon en Geest. In de geloofsbelijdenis staat: 'Op de derde dag is Hij, overeenkomstig de schriften, opgestaan uit de dood en opgevaren naar de hemel, waar Hij zit aan de rechterhand van de Vader.'

In het universum is geen indrukwekkender nieuws dan het nieuws dat er nú een mens aanwezig is in het leven van de Drie-eenheid. Stefanus zag geen engel of geest aan de rechterhand van God in de hemel staan. Het was *Jezus!* Het was de *mens-* of *vleesgeworden Zoon*. Wat zou er nog grootser en wonderbaarlijker kunnen zijn dan het nieuws dat de innige verbondenheid van de Drie-ene God Zich heeft opengesteld, waardoor er nu - voor eens en altijd - een méns in hun cirkel aanwezig is? Zie je het? Het meest verbluffende, meest schokkende en het meest verbazingwekkende wat we in de Bijbel kunnen lezen, is de hemelvaart van de *mens Jezus*, de *vleesgeworden* Zoon.

Laat me nu een andere vraag stellen. Was de hemelvaart van de vleesgeworden Zoon een toevallige gebeurtenis? Is het feit dat er nu en voor altijd een méns (Jezus Christus) in de goddelijke cirkel aanwezig is, een idee dat láter opkwam? Is het bestaan van de vleesgeworden Zoon van God iets wat later kwam? Was het een 'plan B' dat God later bedacht en dat pas in werking trad nadat 'plan A' door Adam was mislukt? Is Jezus Christus slechts een voetnoot bij de val van Adam, iets wat nooit nodig zou zijn geweest als Adam niet was gevallen? Of is Jezus al eeuwig het geheime plan van de Drie-eenheid? Is Jezus Christus, die naast de Vader zit, het eeuwige Woord van God, door, in en voor wie alles is geschapen? Ik garandeer je dat het besluit van de hemelvaart van de geïncarneerde Zoon al vaststond in de boeken van de hemel vóórdat Adam zelfs maar het licht zag, en dat deze ideeën allang in Gods hart en gedachten waren vóór de val.

Eerst is er de heilige Drie-eenheid, dan de verbluffende beslissing van de Vader, Zoon en Geest om ons - door de hemelvaart - op te nemen in het Drie-eenheidsleven. Paulus zegt dat de Vader ons heeft *voorbestemd* om als Zijn kinderen te worden aangenomen *door* Jezus Christus (Efeziërs 1:5). Hoe kan Hij de mens voorbestemmen om dóór Jezus Christus geadopteerd te worden, als Jezus Christus pas mens zou worden áls Adam in zonde zou vallen? In dat geval hebben we de plaats van Jezus Christus schromelijk onderschat. Wat een schande! Hij is de alfa en de omega, geen voetnoot. Jezus Christus past niet in Adams (of onze) wereld. Adam (en de mens) past in de wereld van Jezus Christus.

> Schaam u dus niet voor het getuigenis van onze Heer of voor mij, Zijn gevangene, maar wees mede bereid voor het evangelie te lijden in de kracht van God, die ons behouden heeft en geroepen met een heilige roeping, niet naar onze werken, maar naar Zijn eigen voornemen en de genade, die ons *in Christus Jezus* gegeven is *vóór* eeuwige tijden (NBG: 2 Timoteus 1:8-9).

Allereerst was de Drie-eenheid er met de prachtige en overvloedige fellowship tussen de Vader, Zoon en Geest, en daarna kwam het verbluffende plan voor onze adoptie door de hemelvaart van de vleesgeworden Zoon van God. En alleen binnen deze context is er sprake van de schepping van het universum, zodat onze adoptie in Jezus Christus door de Drie-ene God vervuld kon worden. En binnen deze context speelt Adam, een gewoon mens, een rol in de geschiedenis van Jezus Christus om de incarnatie en de hemelvaart van de vleesgeworden Zoon voor te bereiden. Maar de Zoon van God wás al onderweg naar de incarnatie en hemelvaart vóórdat het universum tot bestaan werd geroepen. Vóór de schepping werd onze adoptie en haar voltooiing door de hemelvaart van de vleesgeworden Zoon, al als een banier boven alle banieren in de hoogste hemel geheven.

De vroege protestantse theologie over Jezus' dood en het verbijsterende plan van onze adoptie begint meestal niet met de Drie-eenheid, maar bij de heiligheid van God, de wet, het menselijk falen en het probleem van de zonde. Zo hebben deze vroegere theologen een wettische structuur over het hart van de Drie-ene God gelegd en de dood van Jezus onder de noemer van wet, gerechtigheid, schuld en straf geplaatst. Maar door een dergelijke benadering wordt de Drie-eenheid en Hun eeuwige doel voor ons verduisterd, en dus wordt het feit dat Gods relatie met de mens al veel ouder is dan de wet, volledig met voeten getreden.

Voordat er ooit een wet verscheen, was de Drie-eenheid er al, met Hun onuitroeibare leven, fellowship en vreugde en werd er besloten om de mens door Jezus Christus een plaats in het Drie-eenheidsleven te geven. De Drie-ene God had niet tot doel om ons onder de wet te plaatsen en ons te veranderen in religieuze, wettische mensen, maar Zijn eeuwige doel was om ons te laten delen in Hun relatie en om ons een plaats te geven in Hun gedeelde leven, fellowship en vreugde. Als we in termen van de wet zouden spreken, zouden we zeggen dat de wet van dit universum de primaire beslissing van de Vader, Zoon en Geest is, om de mens - door Jezus Christus - een plaats te geven in het Drie-eenheidsleven.

Het eerste wat over de dood van Jezus Christus gezegd moet worden is dan ook dat Zijn dood een onderdeel is van het grotere en verbluffende plan van de Drie-ene God om ons deelgenoot te maken van het Drie-eenheidsleven. Jezus was voorbestemd om de middelaar tussen God en mensen te worden, Degene het Drie-eenheidsleven en het menselijk bestaan bij elkaar zou brengen. De komst van Jezus en Zijn dood zijn de levende expressie van de onwankelbare en doelbewuste toewijding van de droom van de Vader over onze adoptie. De realiteit is dat de drijfveer achter de komst van Jezus Christus en wat Hem naar het kruis dreef, de niet aflatende en vastberaden passie van de Vader is, die ons als Zijn geliefde kinderen wilde aannemen. Hij zal ons nooit verlaten. En Jezus is het bewijs, dat het nooit bij de Vader is opgekomen om Zijn plannen voor ons te laten varen.

Het eerste woord was dus Drie-eenheid, het tweede hemelvaart en het derde woord is ZONDE. Zonde is de diepgaande geestelijke ziekte waarmee de mens (in Adam) werd geïnfiltreerd. In de Bijbel duidt zonde niet alleen op de oorspronkelijke daad van verraad van Adam en Eva, maar op het hele moeras van menselijke gebrokenheid, duisternis, afgezonderdheid en vervreemding, die door Adams valse geloof wortel schoot in het bestaan van de mens. De Bijbel vertelt ons dat Adam en Eva de kroon op Gods hele scheppingswerk waren en het voorwerp van Zijn persoonlijke genegenheid en grote vreugde. Ze werden geschapen om samen met God te wandelen, om deel te nemen aan Gods werk en ze kregen een echte plaats binnen alles wat zich daar afspeelde. Máár ze luisterden naar de slang en geloofden zijn leugen, ze begonnen God te wantrouwen en door dat wantrouwen en de verkeerde overtuiging openden ze een deur naar het kwaad, waardoor het kwaad Gods goede schepping binnendrong en voet aan de grond kreeg.

Door het ongeloof van Adam en Eva infiltreerde *duisternis* de menselijke geschiedenis en met die duisternis vestigden eenzaamheid, angst, isolatie, verlies, schuld, droefheid en verdriet zich in de menselijke ziel. En in een mum van tijd werd de mens beheerst door gebrokenheid, vervreemding, frustratie, boosheid, bitterheid, depressie, afgunst, jaloezie, strijd, roddels, laster en moord. Angst en bezorgdheid werden de giftige saus waar het gerecht van menselijk leven en relaties - en in feite van heel de schepping - van doortrokken was. Duisternis kreeg de ziel van de mens in zijn greep en sleepte Adam en Eva de afgrond van volslagen ellende in, zozeer zelfs dat de mens volgens Athanasius terugviel in 'het niet zijn' en er niets meer van hem overbleef.

Hoe reageerde de Drie-ene God op deze enorme ramp? Het respons van de Vader, Zoon en Geest op Adams ondergang kan in één woord worden samengevat *Nee!* In dat *'Nee!'* weerklinkt het eeuwige *'Ja!'* van de Drie-eenheid voor ons. De schepping vloeit voort uit de fellowship van de Drie-ene God en uit het besluit - het vastberaden besluit - om Hun Drie-eenheidsleven met ons te delen. Gods wil om ons in Christus te zegenen, Zijn vastberaden *'Ja!'* voor ons, vertaalt zich vanwege de val in een ondraaglijk *'Nee!'* God is vóór ons en daarom is Hij tégen - volkomen, eeuwig en hartstochtelijk gekant tegen onze vernietiging.

Die oppositie, dat vurige hartstochtelijke *'Nee!'* tegen de ramp van de val, is dé manier om Gods toorn te begrijpen. Toorn is niet het tegenovergestelde van liefde. Toorn ís de liefde van God in actie, een actie van oppositie. Juist omdat de Drie-ene God een eeuwig *'Ja!'* voor de mens heeft gesproken - een *Ja!'* voor het leven, voor volheid en vreugde voor óns - is Zijn respons op de ramp van de val een stevig en ondraaglijk *'Nee! Dit accepteer Ik niet. Ik heb jou niet geschapen om ten onder te gaan in de duisternis, niet jíj.'* Hierdoor ging de droom van de hemelvaart en onze adoptie in Christus gepaard met pijn, tranen en dood.

Er zijn mensen die ons willen laten geloven dat God de Vader op de dag dat Adam viel, vol was van bloeddorstige woede die straf vereiste, voordat Hij zelfs maar zou overwegen om te vergeven. En ze willen ons laten geloven dat toen Jezus Christus aan het kruis hing, de woede en toorn van de Vader op Hem, in plaats van op ons, werd uitgestort. Maar dan ga je ervanuit dat de Vader door Adams zonde veranderd was en dat Zijn hart ten opzichte van Zijn schepselen verdeeld was. Ik verzeker je dat God niet verandert! Adams val werd beantwoord door dezelfde God met dezelfde vastberadenheid om te zegenen en door dezelfde hartstochtelijke liefde waarmee Hij in de eerste plaats alles had geschapen. De val werd beantwoord door het eeuwige Woord van God. De liefde van de Vader, Zoon en Geest waren even onvermoeibaar, onwrikbaar, vastberaden en onverzettelijk als altijd.

Hoe kon het enige plan van de Drie-ene God om ons in Jezus Christus te adopteren, na Adams val - met de enorme ramp voor de hele mensheid - nog vervuld worden? Jezus Christus stapte de menselijke geschiedenis binnen met de hemelvaart in het vizier, alleen was de weg naar de hemelvaart en onze adoptie nu geplaveid met pijn, lijden en dood. Want de enige manier om van de val van Adam naar de rechterhand van God de almachtige Vader te komen is door de dood. De val moest ongedaan gemaakt worden. Adam moest zich weer tot God keren en had een radicale verandering van denken nodig. Het menselijk bestaan was gebroken, vervreemd en verdorven en moest radicaal besneden, systematisch herschapen en volledig en grondig getransformeerd worden en weer een echte relatie met de Vader krijgen.

Waarom stierf Jezus Christus? Wat gebeurde er in Zijn dood? Hij stierf omdat de Vader ons niet in de steek wilde laten en Zijn droom voor ons niet wilde opgeven, omdat Zijn liefde voor ons eindeloos en onwankelbaar is. En Jezus stierf omdat de enige manier om ons van de val naar de rechterhand van de Vader te brengen, de kruisiging van het menselijke bestaan (in Adam) was.

Jezus Christus ging niet naar het kruis om Gód te veranderen; Hij ging naar het kruis om óns te veranderen. Hij stierf niet om de woede van de Vader te sussen of om het gespleten hart van de Vader te lijmen. Jezus Christus ging naar het kruis om de gevolgen van de val een halt toe te roepen en het ongedaan te maken, zodat de gevallen mens zich tot Zijn Vader zou keren. En Hij ging naar het kruis om onze vervreemding systematisch te elimineren, zodat Hij door Zijn hemelvaart de droom van Zijn Vader voor onze adoptie kon verwezenlijken.

Deze missie kostte Hem 33 jaar van vuur, beproeving en verzoeking onder luid geroep en tranen. *Door de incarnatie* kwam de fellowship en het leven van de Drie-eenheid de menselijke vervreemding binnen. *Door het leven van Jezus Christus* won de fellowship van de Drie-eenheid steeds meer terrein in het hele gebied van menselijke zonde, vervreemding en afstandelijkheid. De trouwe, geliefde Zoon ging onze gevallen wereld binnen, maar weigerde standvastig om Zelf te 'vallen'. In 33 jaar leverde Hij stap voor stap, slag na slag strijd om het gevallen menselijk bestaan terug te laten keren tot een echte relatie met Zijn Vader.

Wat er in Getsemane gebeurde - toen Jezus Zich ter aarde wierp en er sprake was van afschuwelijke kastijding, pijn, verpletterende zwaarte, strijd, passie en doodsangst - is een venster naar het hele leven van Christus. Volgens Calvijn was Zijn hele leven een kruis. Vanaf het moment dat Hij geboren werd, heeft het Hem alles gekost om ons te bevrijden. Terwijl Hij dieper en dieper doordrong in de menselijke vervreemding, was Zijn leven een aaneenschakeling van schrijnende beproeving, strijd, lijden, aanklacht, verdrukking en pijn.

Aan het kruis maakte Jezus Christus verbinding met de hof van Eden: met Adam en Eva die zich uit angst verborgen, met het ontstaan van de zonde en de eerste leugen en de daarbij horende duisternis. Daar stortte de Zoon van de Vader Zich in de diepe afgrond van menselijke afstandelijkheid, in het duistere moeras van menselijke gebrokenheid en vervreemding. Hij dompelde Zichzelf onder in de diepte van de zondeval.

Aan het kruis drong Hij het laatste bolwerk van de duisternis binnen en begaf Zich naar het diepste punt van onze vervreemding. Dáár, tijdens het ondraaglijke '*Nee!*' dat God de Vader bij Adams val uitriep, zette Jezus Zijn laatste stap in de ellendige puinhoop van de zondeval en vond de ware vervulling plaats in Zijn '*Ja!* Vader in Uw handen beveel Ik Mijn geest.' Jezus stierf en de val van Adam en haar invloed stierf met Hem.

Beste mensen, dát is het donkerste moment uit de geschiedenis van de kosmos. Maar ja, wat gebeurde er nou precies? De duisternis, die de hele menselijke geschiedenis had geïnfiltreerd en zoveel verwoesting in het leven van de mens had aangericht, ontmoette op die dag in Golgotha, op dat moment van het kruis, in Jezus Christus het licht van het Drie-eenheidsleven. Hoe zou de duisternis dat kunnen winnen? Zo zeker als het omzetten van een lichtschakelaar de duisternis verdrijft, zo zeker overwon het licht en het leven van de Drie-eenheid op dat moment de duisternis en de dood, door onze gezegende Heer Jezus Christus, de vleesgeworden Zoon van God in eigen Persoon.

Het heet geen 'dónkere vrijdag, maar Góede Vrijdag. Amen!

LEESSUGGESTIES

Anselm *Cur Deus Homo*. Edinburgh: John Grant, 1909.

Athanasius *On the Incarnation of the Word of God*. London: A.R. Mowbray & Comp., reprint, 1963.

Aulen Gustaf *Christus Victor*. London: SPCK, 1950.

Barth, Karl *Church Dogmatics*. Edinburgh: T & T Clark.
'The Miracle of Christmas.' In *Church Dogmatics* I/2, pp. 172- 202.
'The Covenant as the Presupposition of Reconciliation.' In *Church Dogmatics* IV/1, pp. 22-54.
'The Way of the Son of God into the Far Country.' In *Church Dogmatics* IV/1, pp. 157-211.
'The Judge Judged in our Place." In *Church Dogmatics* IV/1, pp. 211-283.
'The Homecoming of the Son of Man.' In *Church Dogmatics* IV/2, pp. 36-116.

Calvin, John *The Institutes of the Christian Religion, Book II*, edited by John T. McNeill and translated by Ford Lewis Battles. Philadelphia: The Westminster Press, 1960

Campbell, John McLeod *The Nature of the Atonement*. Reprint with Introduction by James B. Torrance. Grand Rapids: Wm. B. Eerdmans Publishing Company, 1996.

Forsyth, P. T. *The Work of Christ*. London: Hodder and Stoughton, reprint 1946.

Kruger, C. Baxter
Parable of the Dancing God. Jackson, Mississippi: Perichoresis Press, 1995.
God Is for Us. Jackson, Mississippi: Perichoresis Press, 1995.
Home. Jackson, Mississippi: Perichoresis Press, 1996.
The Secret. Jackson, Mississippi: Perichoresis Press, 1997.

Lewis, C. S. 'The Weight of Glory.' In *The Weight of Glory and Other Essays*. Grand Rapids: Eerdmans Publishing Company, 1965, pp. 1-15.
The Great Divorce. New York: Collier Books, Macmillan Publishing Company, 1946.

Torrance, J.B. 'The Vicarious Humanity of Christ.' In *The Incarnation: Ecumenical*

Studies in the Nicene Constantinopolitan Creed, edited by T. F. Torrance, pp. 127-147. Edinburgh: The Handsel Press, 1981.

The Orthodox Way. London: Mowbray, 1979.

Torrance, T. F. *The Mediation of Christ.* Grand Rapids: Eerdmans Publishing Comp., 1983.

Preaching Christ Today. Grand Rapids: Wm. B. Eerdmans Publishing Co, 1994.

The Trinitarian Faith: The Evangelical Theology of the Antient Catholic Church. Edinburgh: T & T Clark, 1988.

'The Atoning Obedience of Christ.' *Moravian Theological Seminary Bulletin* (1959) pp. 65-81.

'The Resurrection and the Person of Christ' and 'The Resurrection and the Atoning Work of Christ.' In *Space, Time and Resurrection.* Edinburgh: The Handsel Press, 1976, pp. 46-84.

Weinandy Thomas G., *In the Likeness of Sinful Flesh.* Edinburgh: T & T Clark, 1993.

Voor meer informatie

Welkom op onze website: www.perichoresis.org

Op deze site vind je allerlei bronvermelding, inclusief gratis toegang tot podcasts, video's, schema's, essays en lezingen. Ook kun je er boeken of andere dingen kopen en op de hoogte blijven van evenementen.

Je kunt je aanmelden voor onze nieuwsbrief en voor het gratis YouTube-kanaal: *Astonished Hearts with Dr. C. Baxter Kruger and friends.*

Als je interesse hebt in een online community en maandelijks live-discussies met Dr. Kruger wilt bijwonen, kun je je hier op Patreon aanmelden. Het kanaal heet *Across All Worlds.*

Patreon – Across All Worlds

Scan deze code om de website te bezoeken en om toegang te krijgen tot alle bovenstaande bronnen.

www.perichoresis.org

Volg ons gerust op Social Media: Instagram, FaceBook, TikTok en YouTube

www.ingramcontent.com/pod-product-compliance
Lightning Source LLC
Chambersburg PA
CBHW020330130626
46549CB00003B/1114